トップも知らない星野リゾート

「フラットな組織文化」で社員が勝手に動き出す

前田はるみ［著］
『THE 21』編集部［編］

PHP

はじめに

旅館の建物をつなぐ渡り廊下を歩いていくと、その先に現れたのは、赤と白の提灯《ちょうちん》が賑やかな昭和の風情漂う酒場と、巨大な金魚ねぶた。どこか懐かしさを感じさせる青森の祭りの風景が広がっていた。

ここは、青森県三沢市にある「星野リゾート　青森屋」。

「青森の文化を丸ごと体験できる温泉宿」をテーマに、青森の文化や魅力が館内の至る所で表現されている。夏の終わりに訪れたときは、夏祭りの季節に町中を飾る「金魚ねぶた」にちなんだイベントが開催されていた。

廊下の天井一面に金魚ねぶたが吊り下げられた「金魚ねぶた回廊」に、部屋に金魚鉢ごと持ち込んで楽しめる「貸し金魚」。ガラスの金魚鉢に入ったかき氷に地酒やワインをかけて食べる「金魚鉢かき氷」は、見た目にも美しい、大人のためのかき氷だ。これらはプログラムのほんの一部だが、すべてこの旅館で働くスタッフが自分たちで発想し、具現化したものである。

青森屋を代表する人気コンテンツの一つに、「みちのく祭りや」がある。これは、食事をしながら青森が誇る夏の四大祭りのクライマックスを楽しめるショーレストランで、迫力ある演奏と踊りが魅力だ。

このショーを企画し、運営するのも、現場のスタッフだ。普段は旅館のサービス業務に携わるスタッフが、囃子《はやし》や太鼓、笛などの演奏でステージを盛り上げる。ショーのクライマックスには宿泊客もステージに躍り出て、跳人《はねと》と呼ばれるリズミカルな踊りの輪に加わった。

青森屋の滞在には、まるでテーマパークで過ごすような楽しさがある。その魅力はどこにあるのか。

その一つが、ほかでは体験できないユニークなイベントやプログラムだ。青森屋で働くスタッフは、7割が地元出身者。青森を愛し、青森のことを多くの人に知ってもらいたいという思いが強く、こうした熱い思いが、イベントやプログラムを通して伝わってくるのである。

そしてもう一つは、スタッフが皆、生き生きと楽しそうに働いていることだ。ショーレストランで太鼓や笛を演奏するスタッフも、レストランでサービスするスタッフも、玄関で宿泊客を出迎えるスタッフも、持ち場に関係なく皆が生き生きとしている。スタッフの活気がみなぎる旅館は、滞在するだけで楽しくなれる。この旅館をまた訪れたいと思う宿泊客は少なくないはずだ。

青森屋を運営する星野リゾートは、国内外約40拠点で旅館やホテルを展開するリゾート運営会社。1904年に軽井沢で創業。4代目の経営者である星野佳路《よしはる》代表が運営に特化した経営方針を打ち出し、全国展開するリゾート運営会社へと成長させた。

その成長の原動力となったのは、現場で働くスタッフたちである。青森屋で出会ったスタッフたちもそうだが、彼らはモチベーションを高く持ち、自発的に考えて行動する。自分たちがやりたいことを実現するまで粘り強く取り組み、あきらめない。

そうしたスタッフの情熱とエネルギーが、ほかにはないユニークなサービスを生み出し、企業の競争力を高めてきたのである。

「人を活かす」ための環境づくりは、星野代表が最も力を注いできた仕事の一つに位置づけられる。企業が進化し続けていくためには、世代もバックグラウンドも異なるスタッフが自由に発想し、意見を言えて、やりたいことに挑戦できる環境を整えることが必要だと星野代表は考えた。それが仕事の楽しさややりがいを生み、スタッフのモチベーションを高めるからである。

そうした環境が今、「フラットな組織文化」として星野リゾートに定着している。

本書は、星野リゾートのフラットな組織文化に着目し、「人を活かす」とはどういうことかを明らかにしようと試みるものである。

ここに登場する10人のスタッフは、ホテルや旅館の総支配人から、部門のリーダー、サービス業務を担当するスタッフまでバラエティに富んでいる。各スタッフが、それぞれの立場で何を考え、どのように行動し、周りを巻き込み、やりたいことを実現させていったのか。10のストーリーを通して、一人ひとりの個性や能力を活かすことで企業の競争力につなげるためのヒントを探ることが本書の狙いだ。

労働力が不足する傾向が強まるなか、企業は限られた人材を最大限に活かして生産性を高めることに本気で取り組まなければならない時期に来ている。

こうした動きに先駆けて、星野リゾートではさまざまな改革を行なってきた。限られた人材を最大限に活かすとは、つまり、個人が持つ能力を100%発揮してもらうことにほかならない。そのために不可欠な「フラットな組織文化」をベースに、やる気のある社員に機会を与え、かつ公平に評価する人事評価制度や、社員の自主性を尊重し、現場が意思決定できるための体制を構築してきたのである。こうした星野リゾートの「人を活かす」取り組みは、旅館やホテル業界、サービス業界に限らず、人材不足という逆風のなか、生産性、顧客満足の向上に悪戦苦闘している多くの企業の参考になるはずだ。

現場スタッフ、リーダー、経営者、ビジネスに関わるあらゆる立場の人にぜひ読んでいただきたい。仕事は工夫次第でもっと楽しくなるし、チームはもっとよくなる。そのための手がかりを本書からつかんでいただければ幸いである。

本書は、PHP研究所発行のビジネス情報誌『THE21』2016年1月号から17

年7月号まで1年半にわたり掲載した「遊びが会社を強くする！　星野リゾートの現場力」に加筆し、また新たな事例を加えてまとめたものである。取材にご協力いただいた星野代表および星野リゾートの皆さまには改めて感謝を申し上げたい。

星野代表に、スタッフの方々の活躍や、旅館やホテルで人気コンテンツとなったサービスについて感想を伺う場面で、「私の知らないうちにこうなっていた」「私が知ったのは、ずっとあとのこと」といった発言が何度かあったのが印象的だった。

人を活かそうとすれば、現場のことは現場スタッフに任せるのが一番である。そうやって大きく成長してきた星野リゾートを象徴するコメントではないかと思う。本書のタイトルである「トップも知らない星野リゾート」には、そのような思いも込めている。

前田はるみ

トップも知らない星野リゾート◉目次

装幀：奥定泰之
帯写真：長谷川博一
本文写真提供：星野リゾート

第 1 章

勝手に決める社員たち

2017年9月、「星野リゾート　トマム」の雲海テラス展望スポットに誕生した「クラウドプール」。直径約10メートルの雲形のハンモックに乗って、雲の上に浮かぶような体験ができる（「02 雲海テラスの仕掛人」）

01

苔メン現る

全国各地でホテルや旅館を運営する星野リゾートでは、それぞれの地域の魅力を掘り起こし、その魅力を発信し、演出する運営手法を実践している。ローカリゼーションこそがその土地を訪れる理由であり、これからの旅行ニーズであるという考え方だ。

「星野リゾート 奥入瀬《おいらせ》渓流ホテル」（青森県十和田市）は、青森県屈指の景勝地であり、十和田八幡平《とわだはちまんたい》国立公園に属する奥入瀬渓流のすぐ目の前に立つリゾートホテル。

このホテルでは、渓流に生える「苔《こけ》」に着目し、苔をテーマにしたプログラムやサービスを充実させてきた。これが、近年このホテルの業績を順調に伸ばしている要因の一つになっている。

実際のところ、数年前まで、誰も苔には注目していなかった。観光客はもとより、ホテルのスタッフも地元住民も誰も苔に興味を持つ人はいなかったのだ。苔をテーマにした企画が初めて登場したとき、星野リゾート代表の星野佳路ですら、「苔のどこが魅力なのかまったくわからない」と言っていた。それが今では、奥入瀬渓流ホテルを象徴する存在になっている——。

すべては、苔に魅了されたスタッフの〝マニアックな苔愛〟から始まった。

業績を最優先させるのが仕事であり、社員が自分の興味のおもむくままに好きなことを始めるのは困る、と考える上司は多いだろう。ところが星野リゾートでは、社員が好きなことに挑戦する自由が与えられている。もちろん、決められたコンセプトのもとでの自由であるが、お題目ではない、普通のビジネスパーソンが想像する以上の「自由」が現場に与えられているのだ。

これから紹介するのは、苔を愛し、〝苔との心中〟も覚悟しながら、苔というテーマに取り組んだ男性スタッフの物語だ。個人が好きなことに向かう情熱を「組織の競争力」に変えるためのヒントがここにある。

「苔」イチ押しのリゾートホテル

国立公園の大自然の中にある奥入瀬渓流ホテルは、じっくりと渓流散策を楽しみたい人には絶好のロケーションである。ロビーの大きなガラス窓には奥入瀬の森が映し出され、渓流の水音がBGMを奏でる。ゆったりとした時間が流れるなか、宿泊客は日常の煩《わずら》わしさから解き放たれ、思い思いの時間を過ごす。「渓流スローライフ」がこのホテルのコンセプトだ。

館内を歩くと、あちらこちらで「苔」をテーマにしたプログラムやサービスを目にする。「苔ランチプレート」は、渓流の見えるテラスで提供されるメニューの一つで、奥入瀬渓流の苔をイメージしたフレンチの鶏肉料理だ。「苔さんぽ」は、奥入瀬渓流を散策しながら苔を観察するアクティビティプログラム。すべての客室には、苔を観察するためのルーペが置かれている。

今でこそ、奥入瀬渓流で苔を観察する人の姿は珍しくないが、昔からそうだったわけではない。奥入瀬の苔が認知されるようになったのは、ここ数年のことだ。

その立役者が、このホテルでネイチャーガイドを務める丹羽《にわ》である。苔が大好きで、自ら「苔メン」を名乗っている。オフの日も、ほとんどの時間を、奥入瀬渓流で苔を観察して過ごす――。そんな彼に話を聞いたこの日も、朝に撮影したばかりだという苔の写真を、うれしそうに見せてくれた。コツボゴケの胞子体と呼ばれるもので、すっと伸びた先端に水滴がつき、まるで宝石のように輝いている。

「きれいでしょう。苔にはいろんな種類があって、かわいいんですよ」

丹羽はそう言って目を細めた。

すべては「個人的な興味」から始まった

星野リゾートの代表・星野佳路は、奥入瀬渓流ホテルで苔をテーマにしたプログラムを始めると聞いたとき、耳を疑った。

「苔って、地域の魅力になるんですか?」

軽井沢で生まれ育ち、苔を見慣れた星野にとって、ダイナミックな渓流に背を向けて苔を観察したい人がいるとは思えなかったのだ。

星野は明らかに怪訝《けげん》そうな顔をしたが、丹羽の苔にかける情熱は揺るがなかった。それからも、星野が奥入瀬渓流ホテルに来るたびに、丹羽は苔玉を手に近づいてきて、

「一緒に観察してみませんか。おもしろいですよ」

とルーペを差し出した。

勧められるままルーペをのぞいてみたが、星野にはやはりピンとこなかった。ただし、「苔をテーマにやっていきたい」という丹羽の熱意は十分に伝わってきた。

北海道出身の丹羽は、憧れていた奥入瀬の自然に魅せられて、2008年、渓流のそばに移り住んだ。しばらくアウトドア会社でカヌーや自然のガイドを務めたのち、13年、縁あって星野リゾート　奥入瀬渓流ホテルに転職した。

実は丹羽自身も昔から苔が好きだったわけではなかった。奥入瀬の自然を写真に収めるうちに、岩や足下に生える苔をアップで撮影するようになったのだが、レンズの向こう側の世界は、まるでルーペをのぞき込んだときのように繊細で神秘的な広がりを見せていた。それで、たちまち虜《とりこ》になっていったという。

苔をルーペでのぞく奥入瀬渓流ホテルの丹羽

当時、丹羽は奥入瀬の自然ガイドを務めながらも、奥入瀬観光の現状に疑問を感じていた。奥入瀬渓流は以前から団体旅行のバスツアーに人気の観光地で、ツアー客たちは奥入瀬渓流のいくつかの見所に立ち寄ると、それで満足して、足早に渓流から去っていくのを常としていた。これでは奥入瀬渓流の魅力を十分に伝え切れていないのではないか。丹羽はそのことが歯がゆかったのだ。

苔に出合ったのは、ちょうどそのころだった。

調べるうちに、奥入瀬の渓流の景観を生み出したのは苔であることを知った。かつてこの地域は岩だらけだったが、苔が岩に着生し、生命を育む〝大地のゆりかご〟の役割を果たすことで、奥入瀬の森が形成されていったのだ。

苔から始まる森のストーリーは、丹羽の知的好奇心を大いに刺激した。

「苔は奥入瀬の新たな観光資源になりそうだ」

苔に着目することで、奥入瀬の自然の成り立ちや魅力を伝えられる。そう直感した瞬間だった。

一見ムダでも試してみる——仕事を楽しくする秘訣

2013年に丹羽が始めた「苔さんぽ」は、苔むした岩肌をルーペで観察しながら渓流を散策するアクティビティだ。森を構成する多様な生物に触れることができ、苔とゆったりと向き合う時間の流れも心地いい。

星野は、各施設が実施するアクティビティに関して意見は言うが、どのテーマを採用するかは現場に任せている。その地域の魅力は、その土地に暮らすスタッフが一番よく知っていると考えるからだ。また、経営者とはいえ、自分の考えが絶対に正しいとは限らないとも思っている。

「若い人たちが発想するアイデアには、私たちの世代の感覚からすると『違うんじゃないか』と思うものもあります。しかし、やってみると意外に顧客に好評であることが多い。一見するとムダに思えるアイデアも、試してみる価値はあります」と星野は話す。

誰もが自由に発想できる環境にこだわる最大の理由は、それが仕事を楽しくするからだ。自分で発案した仕事は、誰かから指示された仕事と違って熱が入る。好きなことや興味のあることならなおさらだ。「たとえ未熟なアイデアを採用して失敗したとしても、挑戦し続けることでいつか成功し、それが仕事のやりがいや楽しさ、自信につながります」という星野の言葉に共感するビジネスパーソンは多いに違いない。

楽しさは伝播し、継続する力になる

苔さんぽが登場した当初、参加者はごくわずかだった。渓流散策を楽しみにやってきた宿泊客に、「苔を観察してみませんか」と勧めても、星野がそうだったように、あまり興味を引かなかったのだ。

実際に苔さんぽが旅行客に知られるようになり、人気プログラムに成長するまでには、2年ほどを要した。その間、丹羽は途中で止めようと思ったことは一度もなかったという。苔さんぽは自分の趣味の延長でもある。自分がやっていて楽しいことを、止める理由はなかったのだ。

もちろん、ルーペの向こうの絶景をぜひお客さまにも見てほしいと強く思っていた

ルーペを片手に「森のミクロの世界」を楽しむ「苔さんぽ」

し、一度でも参加すれば、苔の魅力に気づいてもらえるはずだと確信していた。

丹羽は、仕事中もいつも苔のことを楽しそうに話し、同僚のスタッフにも「こんなにきれいなんですよ！」と苔の写真を見せた。そのうち、彼のあふれんばかりの苔への愛情は周囲にも伝播《でんぱ》し、「苔って、意外とかわいい！」と苔の虜になるスタッフが増えていった。

ホテルの広報担当者も、苔に魅了された一人だ。苔さんぽをテレビや雑誌に紹介するときは、無意識のうちに身を乗り出していた。自分で撮影したお気に入りの苔の写真を見せながら、いつのまにか丹羽と同じような口調で熱く語っていたという。

メディアからは「苔に着目するのはおもしろい！」と評価する声も聞こえてきた。ポジティブなフィードバックも丹羽の励みになった。

「いい」と思ったテーマは、とことんやり抜く

丹羽がホテル滞在の魅力として苔に注目したのは、２０１２年に地元で活躍するネイチャーガイドとともに、奥入瀬のエコツーリズムを推進する「モスプロジェクト」

（その後、NPO法人奥入瀬自然観光資源研究会、略称おいけんに発展）をスタートさせたのがきっかけだった。全国から苔の専門家を招き、奥入瀬の苔の実態を調査したところ、日本で約1800種類あるといわれる苔のうち、なんと315種類の苔がこの地で見つかったのだ。それまで苔の世界では無名だった奥入瀬が、学術的にも貴重な「苔の森」であることが証明されたのである。

こうした活動に対して、はじめは地元の人たちや地元メディアの反応も鈍かった。地元の人にとって奥入瀬の苔は日常の景色にすぎず、それが観光資源になるとは夢にも思っていなかったのだろう。丹羽は、おいけんが主催する苔の観察会やガイド向け研修会に関わり、奥入瀬エリアのエコツーリズムのあり方や将来像に関心を持ってもらえるよう努めた。

そして、2013年に日本蘚苔類《せんたいるい》学会によって「日本の貴重なコケの森」に奥入瀬渓流が選ばれ、14年に日本蘚苔類学会が初めて青森県で開催されると、地元でも苔への注目が少しずつ高まった。このころから青森県も苔のPRに力を入れるようになっていく。

同じころ、奥入瀬渓流ホテルの魅力テーマとしても苔を採用し、苔さんぽのアクティビティを作り込んでいったのである。

2015年に入ると、苔さんぽの参加者が一気に増え始めた。客室に用意されたルーペを持って渓流散策に出かける人の姿も、よく見かけるようになり、宿泊客を対象に実施する顧客満足度調査でも、高い評価を得られるようになったのだ。

丹羽がこの好機を逃すはずがない。勢いに乗る丹羽と現地スタッフは苔をテーマにした企画を増やしていった。旅の思い出にオリジナル苔玉をつくる「苔玉づくり」、苔玉にそっくりなオリジナルスイーツの「苔玉アイス」、苔をイメージしたインテリアで飾った「苔ルーム」、さらには苔のアクティビティをすべて楽しめる「苔ガールステイ」という滞在プランまで登場した。

こうして今では、「苔」は奥入瀬渓流ホテル全体で取り組むプロジェクトへと発展したのである。

苔にまつわるプランが続々と登場した当時のことを思い出すと、星野には苦笑いがこぼれる。

「季節ごとに驚くような苔のアクティビティが次々と出てきました。そのうち渓流ではなく、『奥入瀬苔ホテル』になってしまうのではないかと心配になるほどの勢いでしたね」

結果的に、苔は観光テーマとして大成功だった。その要因として、「これがこの地域の魅力だ」と現地スタッフが信じるものをサービスに落とし込み、最後までやり切ったことが大きかった、と星野は分析する。

「どんな魅力も、お客さまに認知され、実際に売上やホテルの稼働に結びつくまでには時間がかかります。それに耐えられない企画が実際には多い。丹羽さんたち現場のスタッフは、よくやり抜いたと思います。マスコミからの取材も多かったし、何よりお客さまが喜んでくれました」

やり切ることで成功を引き寄せたスタッフの情熱を、星野は称《たた》えた。

マーケティング発想よりも、自分たちのこだわりを追求する

スタッフの好きなことやこだわりを尊重するのはいいが、そのために顧客のニーズを読み間違えることはないのだろうか。星野に疑問を投げかけてみると、「そのよう

な心配はまったくありません」とはっきりと答えた。

そして、こう続けた。

「旅行客が明確なニーズを持っているかというと、そうでないことも多いものです。旅先でどんな体験をしたいかを質問しても、『おいしいものを食べて、露天風呂に入りたい』くらいの答えしか返ってきません。マーケティング主導で顧客ニーズを聞こうとするから、全国の観光地やホテルでサービスが似通ってしまうのです」

顧客のニーズが明らかではないなら、リゾートは何を提供するのか。

星野の答えは明快だった。

「自分たちのこだわりです。それが顧客の期待から外れることもあれば、予想以上の驚きや発見を生むこともあるのです」

旅のおもしろさは「発見」にある、と星野は考える。自分が知らないことを体験したい、知らない土地の魅力やよさを教えてほしい。発見や出会い、ハプニング——予想していないことが起きることが、旅の楽しさなのだ。

それを提供するのが、星野が主張する「自分たちのこだわり」である。

「私たちは、現場主導でその土地の魅力を探し、いいと思ったものはとことん続けることを奨励しています。自分たちのこだわりを持って開発するからこそ、ほかとは差別化されるし、コモディティ化されない商品やサービスになっていく。日本のおもてなしとは本来そういうものだと思います」

奥入瀬渓流を訪れる人のうち、はじめから苔を目当てにやってくる人はまだ少ない。そうだとしても、丹羽はホテルの宿泊客に笑顔で語りかける。

「奥入瀬に来たら、ぜひ苔を見ていってください」

これまで苔にあまり興味のなかった人が、苔さんぽに参加してルーペ越しに苔をのぞき込むと、「こんな世界があったんだ！」と顔を輝かせる。雨の日はとくに苔がきれいに見えることを知り、「雨の日が好きになった」と話す女性客もいる。苔さんぽをきっかけに、参加者が苔目線を発見し、新しい視点で世界を眺め始める。その瞬間を共有できることが、ネイチャーガイドとしてこの上ない幸せだ。

丹羽にはいま、苔の次に、気になっている存在がある。それは、きのこなどの「菌類」だ。

菌類について調べていくと、森の土台を形づくるのが苔であるのに対して、菌類は森の循環を支えていることがわかった。奥入瀬の自然の魅力を伝えるガイドとして、菌類のことも伝えていきたい。そう思って、2016年秋からは「気になるきのこツアー」を始めた。

自然が魅せるデザインの美しさやユニークさは、おのずと人々の興味をかきたてる。色や形がさまざまで、かわいらしいビジュアルの苔やきのこは、自然に触れるための格好の入り口になるのではないか、と丹羽は考えている。

「自然の多様性と一言でいうのは簡単ですが、目を凝らしてよく見てみると、森の中には実にさまざまな生物が生息しています。そこから森全体との関わりに思いを馳《は》せてみれば、新たな視点で自然を捉えられるはずです」

自然の多様性を知り、違いを感じて、「こんな世界があったんだ！」と発見を楽しむ。そんな知的好奇心を刺激する旅を提案していきたい――。丹羽の挑戦はこれからも続く。

02 雲海テラスの仕掛人

北海道を代表する人気スポットの一つ、トマム（占冠村《しむかっぷむら》）の雲海テラス。眼下に雲海が広がる絶景を目当てに、年間13万人がトマム山頂付近までゴンドラに乗って訪れる。

ここは、もともと観光スポットとして知られていたわけではない。トマムのスキー場でゴンドラやリフトの運営・保守を担当する索道《さくどう》部門のメンバーが「お客さまにぜひ見てもらいたい景色」として発掘し、トマムならではのサービスに育て上げてきたものだ。

星野リゾートには、「全員がサービスクリエイター」という考え方がある。ホテルや旅館の運営に関わるスタッフは、ホテルや旅館のサービスを提供するだけではなく、提供に至る企画まで行なうマーケティングチームになることをコンセプトにしている。スタッフ一人ひとりが地域の魅力を掘り起こして発信し、顧客の満足を高めていくクリエイターなのである。決められたとおりの作業になりがちな設備の保守管理も、例外ではない。

どんな仕事も、顧客満足を生む創造的な仕事に変えることができる。それを自ら証明したトマムの索道チームの軌跡を追った。

トマムで働く、通称「雲海仙人」

北海道のほぼ中央、トマム山の山頂にほど近い標高1088メートル地点に、鈴木の職場はある。

星野リゾート　トマムの「雲海テラス」。眼下に広がる雲海を一望できる天空の展望台だ。

この一帯は雪が降るシーズンはスキー場だが、雲海が発生する約半年間、雲海テラスに姿を変える。かつてはスキー場のゴンドラ・リフトの整備スタッフだけが知る絶景スポットだったが、2006年からは夏の集客の目玉「雲海テラス」として営業を開始。

鈴木はここで、リフトやゴンドラの運営・保守管理を担当する索道部門のユニットディレクターを務めている。そして、それとは別に、「雲海仙人」という夏限定の顔も持つ。雲海テラスの運営に加え、雲海が発生するメカニズムや雲海の様子を観光客に説明する。それが彼の仕事である。

今でこそ雲海仙人を名乗り、観光客をもてなすのが日課だが、まさか自分が接客の最前線に立つとは想像もしていなかった。むしろ、はじめは雲海テラスの運営にすら反対だったという。

北海道出身の鈴木は、自衛隊勤務ののち、この地域に住む両親のそばで仕事に就こうと、1989年から前身のアルファリゾート・トマムのスキー場で働き始めた。当時はバブル経済の真っただ中で、リゾート開発のために手当たり次第、山を切り拓《ひら》いていった時代だ。大自然での余暇を求める人々がひっきりなしにやってきた。リゾートの裏方を支えるゴンドラ整備の仕事は、黙々と働くのが苦にならない鈴木の性に合っていた。

そして、休日には大好きな釣りに出かける。これが何よりの楽しみだった。

全員で顧客満足を考える

夏は大自然を堪能できるファミリーリゾート、冬は上質な雪を楽しめるスノーリゾート――。現在、星野リゾート トマムは観光客に人気の滞在型リゾートとして認知されているが、星野リゾートに運営が切り替わる前、バブル経済の崩壊の影響で経営破綻に追い込まれた過去を持つ。

紆余曲折あって、2004年、星野リゾートがトマムの経営再生に挑戦することになるのだが、正直なところ、鈴木はさほど期待していなかった。度重なるリストラやコストカットで現場は疲弊し切っていた。この会社も数年で撤退するに違いない。そう思っていたのだ。

それまでの職場は完全なトップダウンで、上司から言われたことをやっていればよかった。それが普通だと思っていたし、言われたことをやるのは、ある意味、すごく楽だった。

ところが、星野リゾートが経営に乗り出すと、仕事のやり方は180度変わっていく。新会社の経営者である星野佳路は、

「トマムとしてどのような魅力を発信していくか、スタッフみんなで考えよう」

と語りかけ、所属部門にかかわらず、全員で接客や顧客満足度の向上に取り組むのだと宣言した。誰もが自由に意見を言い合える環境、つまり上司が言ったことが絶対ではなく、ポジションに関係なく「説得力のある意見」が尊重される職場を目指そうと言い出したのだ。

星野は、トマムの経営上の問題は夏にあることを見抜いていた。スキーリゾートとして冬に稼いだ利益を、夏のオフシーズンで食い潰してしまっていたからだ。そこで、トマムの再生には通年リゾート化が不可欠だとして、「夏の魅力づくり」を最重要課題に掲げた。

しかし、星野がやろうとしていることは、索道部門のメンバーには現実的でないように思えた。彼らには、自分たちは裏方であるという意識が強い。しかも、オフシーズンの夏は、ゴンドラのパーツを交換したり、色のはげた箇所をペンキで塗り直した

「雲海仙人」ことトマムの鈴木

りするメンテナンス作業が続き、顧客に接する機会も少ない。顧客満足につながる魅力の発信といっても、何をどう考えればいいのか――。鈴木たち索道部門のメンバーは、戸惑うばかりだった。

スキーシーズンが過ぎたある日、いつものように山頂でゴンドラのメンテナンス作業にあたっていると、眼下に見慣れた雲海が広がっていた。雲海が出ている日は、宿泊客が滞在する山のふもとは曇りか雨だ。早朝、ゴンドラの山頂で作業する索道部門のメンバーだけが、この雄大な雲海を見ることができる。

彼らにとって、雲海はいつも目にする日常的な風景。だから普段はそれほど気にも留めなかったが、この日は少し違った。夏の魅力づくりのことが頭の隅にあったからか、仲間の一人がこうつぶやいた。

「お客さまにもこのすばらしい景色を見てほしいなあ。ここまで登ってきてもらったらどうだろうか」

その一言がきっかけとなり、彼らは雲海を眺められる早朝カフェの企画を練り上げ、トマムの月1回の全体会議で提案することになったのだ。

星野は、索道部門のメンバーから提案を受けたときのことを、今でもよく覚えている。「これを見てください」と差し出されたのは、仕事の合間に撮影された雲海の写真。それは星野がよく知る山頂からの眺めではなく、雲の上の世界だった。トマムのランドマークであるザ・タワーの先端が、雲海から顔を覗《のぞ》かせていた。

「これは、すごいなあ」

星野の口からは思わず感嘆がこぼれたのだった。

しばらくして、索道部門のメンバーはゴンドラの終着地点付近にテーブルと椅子を並べたテラスをオープンした。２００５年のことだ。接客経験がまったくない彼らは、トマムのレストラン部門の助けを借りて接客の研修を行ない、自分たちでカフェの運営を始めた。

その年の来場者はわずか９０９人。それでも、初めて見る雄大な風景に歓喜の声をあげる人たちの笑顔を見ると、胸にはうれしさがこみ上げてきたという。

これはトマムの新たな魅力になる。索道部門の面々は、手ごたえを感じずにはいられなかった。

顧客の喜ぶ顔は、仕事を続ける原動力になる

鈴木は最初、雲海テラスには反対だった。

理由はいくつかあった。山のふもとからは曇り空にしか見えない山頂に、わざわざお客さまが来てくれるのか。雲海テラスを始めることで、仕事が増えることへの懸念もあった。慣れないカフェの仕事に振り回されて、本来の業務であるゴンドラ整備がおろそかになりはしないか。そんな心配も頭をよぎった。

そして、雲海テラスを始めるなら、早朝からの準備も必要になる。雲海の出現率の高い時間帯は、朝5時からの数時間のみ。通常は8時に出勤するが、雲海テラスの準備のためには朝4時に出勤しなければならない。こんな負荷のかかる生活が長く続けられるはずがないと思ったが、結局、鈴木はほかのメンバーの熱意と勢いに押し切られて、渋々ながら賛成した。

ところが、雲海テラスの運営に関わっていくうちに、鈴木は自分がその仕事を楽しみ始めているのに気がつく。雲海を見て喜ぶ人たちを目の当たりにすることで、サー

ビスへの不安や不信は次第に消えていき、いつしか仕事への張り合いが生まれていたのだ。

鈴木は当時を振り返ってこう言う。

「雲海が出たときのお客さまの表情がすごくいいんです。お客さまが楽しんでいる様子を見ると、自分もうれしくなる。もっとお客さまに喜んでもらうためには何ができるか。そういうことを考えるようになりました」

すべてのスタッフに「サービスクリエイター」であることを求める星野の狙いもそこにある。

「スタッフなら誰でもゲストに喜んでほしいし、ゲストが喜ぶ顔を見ればうれしい。自分たちのサービスが顧客に届いているという実感こそが、この仕事を続ける原動力になると思っています」と星野は話す。

上司と異なる意見を言っても、立場が不利にならない

星野は「みんなで顧客満足度の向上に取り組んでいこう」と提案したが、どのよう

な手法にするか、一切指示しなかった。現場で働くスタッフが自由に考え、自由に意見を言い合い、何をするかは自分たちで決めてほしいと伝えただけだった。

むしろ経営者としての自分の仕事は、現場が自由に考え、自由に意見を言い合える環境づくりだと腹を据えていた。その核となるのが、フラットな人間関係であると星野は強調する。

「自由に意見を言ってほしいと伝えても、上司の意見が絶対だとか、上司と異なる意見を言うと人事的に弊害があるとしたら、誰も自由に考えて意見を言おうとはしません。正しい議論をするためには、上司と異なる意見を言っても部下の立場が不利になることは絶対にないという安心感、つまりフラットな人間関係を築いていく必要があります」

そして、フラットな組織づくりに欠かせないのが、社内の情報共有だった。

星野リゾートでは、社員は誰でも、自分たちの施設の売上や顧客満足度など業績に関する情報にアクセスすることができる。それは、つまり自分たちが置かれた状況や、課題は何かを知ることができることを意味している。

「上司が部下よりも正しい判断ができるとするなら、それは正しく判断するために必要な情報を持っているからです。それぞれが持つ情報に差があると、正しい議論ができません。上層部が経営判断に使うのと同じ情報をタイムリーに現場と共有して初めて、現場は正しく考え、議論し、判断することができる。こうした環境を整えることが、現場スタッフが自分の仕事に責任を持って取り組むためには必要です」

と、星野は情報共有の重要性を説く。

たんなる整備作業でないところがおもしろい

職場のフラット化と情報共有が進むと、鈴木たちの仕事への向き合い方もおのずと変わっていった。

上司の指示どおりに動いていたころは、担当のゴンドラ整備ばかりに従事し、たとえば同じリゾート内にあるホテルのことは何も知らなかったという。しかし、全体会議でトマムのリゾート全体の状況・情報が共有されることで、リゾート全体での動きがわかるようになっただけでなく、部署同士の相互関係も意識し始め、リゾート全体での効率化も図られるようになるという効果を生んだ。

自分の意見を持ち、それにコミットしていかなければならないのは、「正直なところ、荷が重いこともある」と鈴木は複雑な胸の内ものぞかせる。

「でも、自分たちで考えて提案し、実際につくったものをお客さまが喜んでくださるのを見ると、『やってよかった！』と思えます」

鈴木たちの変化には、星野も気づいていた。ただし、変化するには多少の時間が必要だった。星野は彼らの胸中をこう推測する。

「鈴木さんたちも、初めから仕事を楽しめたわけではないでしょう。『フラットな組織ですから、顧客に喜んでもらうためのアイデアを自由に提案してください』と言っても、旧来の縦型組織に慣れた中途入社組が、星野リゾートが目指すフラットな組織に馴染《なじ》むには時間がかかります」

それでも、ひとたびフラットな環境で自由と役割を与えられると、現場は伸び伸びと、主体的に動き出す。

「どんな仕事も、顧客満足度の向上に貢献できる余地はあるし、施設の魅力づくりに直接関わることのできる創造的な仕事に変えることができる」――星野は鈴木たちの仕事ぶりを見て、そう確信している。

サービスは一度つくって終わりではない

雲海テラスの来場者は、2年目には1万人を超え、その後もかなりの勢いで増えていった。

だからといって、星野の辞書に「これで安心」という文字はない。成功したサービスは、必ず他社の模倣に直面する。サービスの進化が止まれば、成長も止まる。そうなればいずれ顧客に飽きられ、競合にも追いつかれるだろう。

「魅力やサービスは一度つくって終わりではない。常に進化が必要だ」——星野はスタッフに声をかけ続ける。

それに応えるように、トマムの索道部門のメンバーは、一時の成功に立ち止まることなく、もっと顧客に楽しんでもらえるようサービス内容を広げていった。

「雲海が現れる確率を知りたい」という要望に応えて、気象条件や自分たちの経験則を踏まえて翌日の雲海出現率を予測する「雲海予報」を始めた。これが雲海仙人のスタートだった。当時の部門責任者が初代雲海仙人を務めたのち、2008年から、後任に就いた鈴木が雲海仙人を引き継いだ（雲海出現率は現在、一般財団法人日本気象協会が予測している）。

当初1種類だけだと思っていた雲海は、2010年の北海道大学との協働観測の結果、3種類あることが判明。鈴木は当時、雲海がどのようなメカニズムで発生するのか知らなかったが、雲海の種類や発生メカニズムを猛勉強することで、雲海仙人として顧客のさまざまな疑問に答えられるようになっていった。鈴木がかつて雲海テラスに反対していたと言っても、もう誰も信じてはくれないだろう。

さらに、雲海が現れない日にも、雲海テラスを楽しめるさまざまな仕掛けを用意した。テラスから雲海が見えなくても、山の反対側にまわれば雲海が現れていることがある。そこで、山の反対側からも雲海を望めるよう新たな展望ルートを設置したのだ。

2015年には、雲海テラスの新スポットとして「クラウドウォーク」をオープン。これは山の斜面につくられた雲の形の展望スポットで、まるで雲の上を歩いているかのような感覚が楽しめる。

こうして、雲海テラスは毎年、進化を遂げ、集客を伸ばしている。新たな工夫や仕

雲海テラスに設置された「クラウドウォーク」

掛けはすべて、索道部門のメンバーが、普段の接客や仕事のなかでの気づきや問題解決を具現化したものだ。

「夏も稼げるリゾート」への進化

雲海テラスの成功によって、「トマムは夏の黒字化を達成しただけでなく、8月の利益が年間で最大になった」と星野は言う。目標に掲げていた「夏にも稼げるリゾート」へと着実に進化を遂げていった。

さらにトマム再生を確かなものにするため、星野は大きな改革に踏み切る。スキー場への投資だ。

バブル経済期に勢い先行でつくられたスキー場には、リフトの本数が多いわりに使いづらいスキー場が多い。世界のスキー場のレベルアップが進むなか、世界に対抗するにはリフトの架け替えや高速化は悲願だった。

夏の収益が黒字化したことで、冬の利益で夏の赤字を補塡《ほてん》する必要がなくなり、スキー場への投資が可能になった。その結果、スキー場としての魅力が増し、冬の集客力も高まるという好循環を生んでいる。

こうして、トマムは再生を果たした。復活劇の中心に、雲海テラスの成功があったことは疑いようがない。そのアイデアを生み出したのは、日頃からお客さまに接していたホテルのスタッフではなく、鈴木たち索道部門のメンバーだ。

「ホテル内で勤務するスタッフには、決して思いつかなかったでしょう。毎日、雲海を見ながら作業していた索道部門のメンバーだからこそ、発想できたアイデアです」

星野には、このことがとても誇らしく感じられる。

夏を迎えるたびに、雲海テラスに大勢の人々が押し寄せる。鈴木は雲海仙人として連日忙しく、大好きな釣りに出かける機会もぐんと減った。

「釣りには行きたいです」

鈴木は素直に認めながらも、こう続けた。

「でも、雲海テラスを進化させるために、まだまだやりたいことがありますから」

どんなサービスがあるとお客さまは喜んでくれるだろうか――。鈴木は雲海を眺めながら今日も考え続ける。

03 変革するブライダル

リゾートウエディング発祥の地、軽井沢。この地でリゾートウエディングを牽引してきたのが、「星野リゾート　軽井沢ホテルブレストンコート」だ。今でこそ星野リゾートは宿泊業のイメージが強いが、軽井沢を本拠とする同社にとって、ブライダル事業は会社の成長を支えてきた中核事業の一つである。

２０１７年７月、軽井沢ホテルブレストンコートは、結婚式の常識をくつがえす新しいウエディングスサービスをスタートさせた。その名も「マイ・マルシェ・ウエディング」。

参列者に決まった席は用意されていない。一人ずつのコース料理もやめた。その代わり、マルシェ（市場）のような開放的な空間で、自由に時間を過ごしながら互いの交流を深め、参列者が一つになって新郎新婦の門出を祝えるパーティを設計した。まさに〝規格外〟の結婚式である。

この斬新なウエディングスタイルは、どのようにして生まれたのだろうか。

星野リゾートでは、「言いたいことを、言いたい相手に、自由に言える環境」を大切にしている。なぜなら、そうした環境が正しい議論を生み、新しいアイデアや魅力的なサービスにつながると考えるからだ。マイ・マルシェ・ウエディングも、世代や性別、部門、ポジションの異なるメンバーたちの自由な議論から生まれた。

部門横断的なプロジェクトであれ、チーム内での議論であれ、メンバーの多様性を最大限に活かすには、言いたいことを自由に言えるフラットな環境が大前提となる。軽井沢ホテルブレストンコートで行なわれた議論を追っていくと、メンバー一人ひとりが、それぞれの得意とするところで、マイ・マルシェ・ウエディングの誕生に貢献する姿が見えてきた。

世代も部門も異なるスタッフが集結

「新しい結婚式を発想したい」

星野リゾートのブライダル事業を担当する鈴木は、軽井沢ホテルブレストンコートのスタッフにこう呼びかけた。サービス開始からさかのぼること15カ月前のことである。

きっかけは、2015年12月、星野リゾートが「ジェネラス軽井沢」という宿泊機能付きブライダル施設を新たに運営し始めたことだった。これまでも顧客の多様なニーズに合わせたウエディングを提供してきたが、新施設の誕生にあわせて、従来はなかったサービスを提供するチャンスだと鈴木は捉えたのだ。

軽井沢は、古くから教会文化が栄えたエリアで、ホテルブレストンコートに隣接する「軽井沢高原教会」や「石の教会 内村鑑三記念堂」も軽井沢の象徴になっている。どちらも軽井沢の歴史に根差した教会であるとともに、「軽井沢で結婚式を挙げる人の多くが『この教会で式を挙げたい』と憧れる教会」でもある。これらの教会で式を挙げ、隣接する軽井沢ホテルブレストンコートのパーティ会場で披露宴を執り行なうのが、これまでのウエディングサービスの定番だった。

教会での結婚式には、キリスト教の神聖なしきたりに基づくルールが存在する。たとえば、着用するウエディングドレスには決め事があるし、参列前の飲酒は禁じられている。星野リゾートは、これらのルールを尊重しながら、新郎新婦はもちろん、参列者にも満足してもらえるようサービスを進化させてきた。参列者が当日、和食か洋食かを事前予約なしで選べるサービスもその一つで、開発・導入した際には、業界から大きく注目された。

鈴木たちが磨き上げてきたサービスは、神聖なキリスト教の挙式に憧れる人たちを中心に支持されてきたが、ターゲット世代のニーズを十分にくみ取れていないのではないか、と近頃感じるようになっていた。価値観の多様化に合わせて、新たな選択肢を提供すべきなのではないか——。こうした課題認識が、「新しい結婚式を発想したい」という冒頭の呼びかけにつながったのである。

鈴木は入社してからの約15年間、一貫してブライダル畑を歩んできた。幅広い知識と人脈を培い、アイデアを実現する術も身につけてきた。

だが、このプロジェクトには、20代の若い世代から、何度も結婚式に参列しているベテラン世代まで、さまざまな年代のスタッフに参加してほしいと考えていた。プロジェクトに興味のあるスタッフを募り、各部門のリーダーにもスタッフを推薦してくれるように頼んだのはそのためだ。結果、セールスやサービスチーム、レストランチームなど幅広い部門から、世代も異なる15人のメンバーが集まってくれた。

鈴木は、プロジェクトの冒頭で、進むべき方向性を確認した。

「神聖なキリスト教の挙式や、挙式をしてから披露宴を行なうという〝当たり前〟の概念をいったんなくしてみよう。そのうえで、結婚式は新郎新婦の誓いの場であり、参列者へ感謝を伝える場であり、参列者と楽しい時間を過ごす場であるという、結婚式の本質を追求した新しいサービスを考えてみよう」

インスピレーションの連鎖を起こす

鈴木はメンバーに、「どんな意見も大歓迎。思うところを自由に話してほしい」と伝えたうえで、こう問いかけた。

「結婚式は普通こうだ、という概念があるよね。そのなかで、これはイマイチだなあと思うことはある？」

これを合図に、世代を超えたブレーンストーミングが始まった。

メンバーは思いつくまま話し始めた。

「結婚式では知らない人同士が集まるけれど、話すのは同じテーブルのごく一部の人だけ」

「興味のない余興に付き合わされたり、参加を強要されたりするのは好きじゃないな」

「知り合い同士や身内だけで盛り上がられると、疎外感がある」

「周りが知らない人ばかりだと、新郎新婦への祝福を共有したくても、共有しにくい」

鈴木はそれら一つひとつに、「なるほどね」「それ、あるよね」「ほかの人はどう思う？」と合いの手を入れながら意見を引き出していった。

一通り意見が出て、場が温まってきたころ、50代の男性スタッフが、自身の参列エピソードを話し始めた。すでに何度も参列経験のある彼は、結婚式はどれも同じに感じていた。そのなかでも、結婚式らしくなくて印象に残っている結婚式があるという。

「200人ほどが招待された結婚式でした。屋台がたくさん並んでいて、結婚式というよりまるでお祭りのようでした。新郎新婦そっちのけで、ゲストが自由に時間を過ごしているんです。開幕中の日本シリーズをみんなで見て、盛り上がりました。一人で参加したのですが、とても楽しめました」

音楽好きの30代の女性スタッフは、音楽フェスでの体験を語った。

「音楽フェスの会場周辺にはたくさんの出店があります。ライブ前に飲食していると、知らない間にほかの人ともコミュニケーションが取れているんです。趣味嗜好を同じくする人たちの集まりなので、『私、あのミュージシャンが好き』などと言いながら意気投合している。その熱いテンションでライブを迎えるから、すごく盛り上がります」

この発言からインスピレーションを得て、メンバーが次々と発言した。

「結婚式って、会場に着くとすぐ式が始まってしまいますよね。お互いによく知らない者同士が、よくわからないままに二人の結婚を承認している気がしませんか。新郎新婦の誓いが結婚式のメインだと考えると、参列者同士がもっと仲良くなってから、

新しい結婚式のアイデアについてメンバーとブレーンストーミングをする軽井沢ホテルブレストンコートの鈴木（右）

誓いの儀式に移ってもいいのではないでしょうか」

「挙式と披露宴の順番を逆にしてみるのはどうでしょう？　まず、披露宴で参列者がお互いの交流を深めてから、挙式に臨めば、一体感が生まれるかも」

「それ、いいと思います！　私たちが追求したい結婚式の本質もちゃんと捉えていますね」

ダメだと思ったら、「ダメ」と言える

挙式と披露宴の順番を逆にするという斬新なアイデアが出たところで、鈴木はさらに質問を投げかけた。

「それじゃあ、一体感を持って挙式に臨むには、どんな披露宴がいいだろうか。参列者の一体感が生まれるパーティとはどんなものかを考えてみよう」

すかさず声が上がった。

「席が決まっていると、同じテーブルの人としか話しません。だったら、料理をテーブルに運ぶのを止めたらどうでしょう。参列者が好きなものを取りにくればいい」

「好きな料理を、好きなだけ、好きなタイミングで食べるとか？」

するとと別のスタッフがつぶやいた。

「披露宴って、親族は楽しめるのかな」

「どうだろう。親族が楽しめるパーティについても考えてみようか」

と、鈴木がその発言を受け取り、議論を深化させていく。

いくつかのアイデアのやり取りのあと、「屋台が並んだお祭りのような結婚式」のエピソードがヒントになり、「マルシェ」というキーワードが出てきた。

「いろいろなお楽しみブースが会場内に並んでいたら、参列者は同じ場所に留まらずに動きまわって、自然に交流が生まれるんじゃないかな」

「こっちのマルシェやあっちのマルシェを行き来することで、発見もありそう！」

そこで、鈴木にあるアイデアがひらめいた。

「日本酒のマルシェをつくったら、おもしろそうじゃない？」

「鈴木さん、それは軽井沢らしくないからダメです」

彼の意見は、若い女性スタッフにすぐさま却下された。鈴木は苦笑いした。同時に、相手が年長者であれ部門のリーダーであれ、ダメだと思ったら「ダメ」と言える環境はいいな、と思った。

互いの発言から刺激を受け、発想を広げながら議論を進めていくうちに、新しいウエディングサービスの骨格が見えてきた。それが「挙式のためのマイ・マルシェ・パーティ」である。挙式は人前式《じんぜん》を採用し、証人となる参列者が心をひとつにして新郎新婦を祝うために、挙式の前にパーティを行なう。パーティでは参列者が自然と仲良くなれるように、さまざまな種類のマルシェを並べるというものだ。

どのようなマルシェがいいかは、異なる世代の意見を聞きながら決めていった。シエフが参列者の目の前で調理するキッチンマルシェ、軽井沢のクラフトビールを飲み比べられるバーマルシェ、オリジナルサラダがつくれる野菜マルシェなど、8つのマルシェで始めることにした。

自分の意見より、ターゲット世代の意見

新しいウエディングサービスの方向性が見えてきた段階で、鈴木は代表の星野佳路

にその内容をプレゼンした。すると星野は、「おもしろそうだけど、僕は行かないなあ」と感想を漏らした。

そして、近くにいる女性スタッフをつかまえて、たずねた。

「これ、どう思う？　いいの？」

「おもしろそう！　私は行きたいです」

この一言を聞いて、星野は安心したようだった。鈴木に向き直って、「考え方としてはおもしろいから、進めて」とだけ告げた。

鈴木が見るところ、自分が顧客目線をよく把握していないものについては、星野はあまり意見を言わない。スタッフに任せるスタンスだ。ブライダル事業は最もその傾向が強い。

星野からのアドバイスは、「ターゲット世代のスタッフの意見をよく聞いて」ということに尽きた。星野が同席する月2回のブライダル戦略会議でも、若い女性スタッフの同席と、彼女たちの意見を必ず求める。鈴木の提案に関しても、「鈴木さんがいいと思っているだけかもしれないから、それだけは気をつけてね」と何度も念を押した。

役割の異なるメンバーの議論に意味がある

アイデアを広げ、新しい企画や概念を発想していくのは楽しい。一方で、アイデアをもとにオペレーションを設計したり、具体的な商品やサービスに落とし込んだりする段階では苦労がつきものだ。一生に一度の高額商品である結婚式の場合はなおさらだ、と鈴木は思う。

たとえば、サービスの現場は、安定的な利益を出そうと慎重になる。彼らの提案は次第にオペレーション寄りになり、想定していたゴールからずれていくことが多い。自分たちが目指す姿と効率的なオペレーションの両方を実現するため、何度もすり合わせた。

料理に関しては、とくに議論が紛糾した。一人一コースを配膳する通常の結婚式なら、調理の量やタイミングを事前に予測した対応が可能だが、その場で料理するのが売りのマルシェスタイルでは、そうもいかない。調理担当のメンバーの発言は、否定的なニュアンスが濃くなっていった。

「これじゃあ、シェフが大変ですよ」

「料理を取り損ねる人がいたら、クレームになるんじゃない？」

「これまでの倍の人数のシェフが必要かも」

「シェフを増やしたら、とても利益なんて出ません」

鈴木は、それらの意見にうなずいた。

「そっかそっか、難しいよな……」

突破口を開いたのは、セールス担当のメンバーの一言だった。

「サービス業務って、今まで通り必要なのかな。ゲストに料理を取りに来てもらうんだから、サービスの人員を減らしてもいいんじゃない？」

鈴木はその意見を拾うと、サービス担当のメンバーに投げかけた。

「サービスは一卓に一人でなくてもいいかもね。これまではサービスと調理を別々に捉えていたけれど、役割をシャッフルして新しく業務設計してみたらどうかな」

調理やサービスを担当するメンバーは、しばらく考え込んでから、言った。

「そういう考え方だったら、大丈夫かもしれない」

彼らの表情に明るさが戻ってきた。「こんなオペレーションはどうだろう？」「こういう案はどうかな？」——議論はふたたび前向きに進み始めた。

自分の得意分野で活躍すればいい

既存のものを壊して、まったく新しいものを生み出すとき、役割や得意分野の異なるメンバーが一緒に議論することは大事だ、と鈴木は思う。

調理やサービスを担当するメンバーは、オペレーションの設計が得意な傾向にある。一方、セールス担当のメンバーは、現場の実情に詳しくないだけに、「その業務って必要なの？」と前提を覆《くつがえ》すような意見を言えたりする。彼らは日々顧客と接するなかで、顧客満足を高めるためにどんなサービスが必要かを常に考えている。

今回のプロジェクトでも、顧客との距離が近いメンバーと、オペレーション設計が得意なメンバーが、フラットな環境で自由に意見を交換することで、新たなサービスに結実していく感覚があった。

では、誰もが自由に発言できるためには何が必要か。鈴木にたずねてみると、「何を言ってもいいという安心感」という答えが返ってきた。

「たとえ間違った発言をしても、指摘を受けるだけで、責められることがない。自分が得意な分野で活躍すればいい、という場が用意されていると、自由に発言できるのではないでしょうか」

そして、こう付け加えた。

「メンバーが自由に発言できる環境を整え、メンバーの議論をファシリテートしてアイデアを実現に導くのが、プロジェクトリーダーとしての自分の役割だと思っています」

マイ・マルシェ・ウエディングは、販売開始から3カ月足らずで初年度目標を達成した。好調な発進だった。

パーティに決まった進行がなく、自由に時間を過ごせるスタイルは、参列者にも好意的に受け止められているようだった。たとえば、マルシェの一つであるバーマルシェには、ビール好きが集まり、ビール談義に花が咲く――。親族と友人が入り混じり、新郎新婦を祝福する輪が広がっていくのを見守りながら、新郎新婦が望む形にできたのではないかと鈴木は感じている。

GIFT MARCHE
VEGETABLE
VEGETABLE
VEGETABLE
VEGETABLE
Food
Marche
VEGETABLE&FRUIT

自由なウエディングスタイルが好評な「マイ・マルシェ・ウエディング」

ある結婚式のパーティ終盤での出来事だった。サービスを担当するスタッフに、年配の男性が近づいてきて、笑顔で話しかけた。

「こんなに自由でおもしろい結婚式に、これまで参列したことなかったよ。ありがとう」

鈴木は、偶然この光景を目にした。男性客の言葉を少し離れた場所で聞きながら、彼の胸には安堵が広がっていた。というのも、この自由なウエディングスタイルが年配層に受け入れられるのか、一抹の不安があったからだ。

そして、安堵した以上に、うれしさがこみ上げてきた。スタッフが自分たちで議論して、考えて、作り上げたサービスを、気に入ってもらえたのだ。スタッフにとっても、自分にとっても、次の挑戦に向かう最大のモチベーションになるだろう。鈴木の胸は高鳴った。

04

温泉ソムリエの秘策

温泉旅館に泊まる楽しみの一つは、間違いなく「温泉」だろう。

私たちは、いい温泉かどうかは、源泉の質や浴槽の種類、浴室の広さ、景観などハード面でほぼ決まると考えがちだが、温泉のよさを決めるのはそれだけではない。ソフト面の工夫によって、利用者の満足度はかなり影響を受けることがある。

星野リゾートの温泉旅館ブランド「界」のなかでも、温泉大浴場の顧客満足度がトップの「界 松本」がいい例だ。浴槽の種類の多さは界でも随一であり、さまざまなお湯に浸《つ》かれる楽しさはあるが、「圧倒的な顧客満足度を取れるほど優れた大浴場とは思えなかった」とは星野リゾートの代表・星野佳路の弁である。

それなのになぜ、界 松本の大浴場は顧客に支持されているのか。

その秘密は、施設のハード面にあぐらをかくことなく、大浴場を担当するスタッフが知恵を凝らして実践するソフト面でのユニークな取り組みにあった。サービスや接客に直接関わる現場のスタッフが、どれだけ自由に発想し、楽しみながら試行錯誤することができるのか。「人」を活かすことで、きらりと光るサービスが生まれた事例を紹介する。

温泉旅館のジレンマ

星野リゾートは、日本独自の宿泊スタイルとして継承されてきた温泉旅館を、現代のスタイルに合わせて進化させた温泉旅館ブランド「界」を全国14カ所で展開。将来は30施設へと増やすことを目標にしている。

星野リゾート代表の星野は、界の温泉がどうあるべきかを考え続けてきた。温泉旅館を特徴づける要素のうち、客室と食事処に関しては、既存施設の成功事例を新規開発に反映させてきた結果、かなりの進化を遂げている。それに比べて、温泉はまだまだ進化の余地があるのではないか。

星野には、気になる施設があった。界のなかでも、温泉の顧客満足度がトップの「界 松本」である。星野リゾートでは、宿泊客を対象に顧客満足度調査を実施しているが、界 松本は他の施設を寄せ付けない圧倒的な強さを見せていた。

長野県・浅間温泉にある界 松本は、浴槽の種類が豊富なことでは星野リゾートでも群を抜く。内風呂や露天風呂のほか、日本では珍しい寝椅子型のラディアントバスや檜《ひのき》おがくず風呂などがあり、8種13通りの多彩な入浴法が楽しめるのが売りだ。

それでも、星野は腑に落ちなかった。星野リゾートが手がける施設には、既存施設の運営を委託された再生案件と、新規で開発する新築案件があり、界 松本は前者である。星野リゾートがゼロから設計した建物ではないため、「自分たちで設計していたら、もっと違ったつくりにしていた」という思いもあり、大浴場そのものには決して満足していなかった。高い顧客満足度を獲得するほどの魅力が界 松本の大浴場にあるとは、どうしても思えなかったのだ。

界 松本はなぜ顧客から高い支持を得ているのか、その理由が知りたかった。星野は現地へ視察におもむいた。

出迎えたのは、界 松本で温泉チームのリーダーを務める女性スタッフの星だった。彼女はサービスチームの一員として、フロントや客室清掃、レストランサービスなどのサービス業務全般を担当するかたわら、温泉の魅力を高めるための施策に取り組んでいた。自他ともに認める温泉好きであり、温泉ソムリエ協会が認定する温泉ソムリエの資格も持つ。

2人は早速、意見交換を始めた。すると星は開口一番、問題点を次のように指摘した。

「温泉旅館に泊まる人が、温泉に入る時間が短すぎます」

たしかにそうだ、と星野は思った。彼自身にも身に覚えがあったが、温泉には少し浸かるだけで、すぐに出てきてしまう。これではせっかく温泉旅館に泊まっても、温泉を堪能した気がしない。

温泉を満喫するためのオリジナル入浴法

「お湯に長く浸かるには、入浴中に水分補給をすればいいんです」

寝椅子型のラディアントバス

と星は言った。

湯上がり処に水が設置されているのは一般的だが、星の提案がユニークなのは、浴室内にもペットボトルの水を置いておき、入浴中の水分補給を勧めることだった。

「入浴中に失われる水分量は約800ミリリットルです。それを補うために、私たちの施設では、入浴の前後に飲む水に加えて、およそ350ミリリットルのペットボトルの水を浴室内に置いています。お湯に浸かるときもペットボトルを手に持ち、水分補給を心がけてもらうことで、長く温泉入浴を楽しむことができると考えました」

温泉に長く浸かれば、温泉旅館に宿泊した感が増す。おいしい料理や客室でくつろいだ記憶だけでなく、温泉を満喫した思い出も持ち帰ってもらうことができる。それが界 松本の顧客満足度を高めるのに貢献しているのだろう、と星野は納得した。

浴室内に置くペットボトルの水は、入浴中の人が飲むのに冷たすぎないよう、温度調整されていた。星野が感心したのは、湯上がり処には水ではなく、冷えたかりん水が用意されていたことだ。かりんは、長野県が日本一の生産量を誇る果物である。かりん水を飲んでもらうことで、水分補給とビタミン補給を兼ねる機能面の効果のみならず、地元の特産にも親しんでもらいたいという意図が伝わってきた。

もう一つのポイントとして、星は入浴中の深呼吸を挙げた。

「お湯に浸かりながら深呼吸すると、浮力によって筋肉が緩みます。そうすることで、普通にお湯に浸かるだけでは得られないリラックス効果が得られると言われています」

星が提案するのは、水分補給と深呼吸を組み合わせた20分程度のオリジナル入浴法だった。彼女自身が宿泊客に交じって大浴場の湯で入浴法を検証し、身体の弱い人も、年配の人も、誰もが安心して実践できるよう改良を加えていった。そうして編み出した入浴法を、宿泊客に指南していたのである。

星が温泉に興味を持ったのは学生時代。当時、星野リゾートが旅館再生事業を行なっていると知り、日本独自の宿泊スタイルである温泉旅館の魅力を発信したいと思い入社した。

配属先の施設では、率先してスパのスキル習得にはげんだ。健康維持にはリラクゼーションが欠かせないと思ったからだ。自分なりに追求していくなかで、スパの限界も見えた気がした。マッサージを受ければ身体は楽になるけれども、他人にマッサージを施《ほどこ》してもらうだけでいいのだろうか。そんな疑問が生まれたのだ。人間には本来、自らを癒す力が備わっている。その内なる力を使って、リラックスできる方法を提案できないかと考えるようになったという。

星は温泉について勉強し、温泉ソムリエの資格を取得。温泉施設で必ず見かける温泉分析書の読み方も、このときに覚えた。時間があればプライベートで日帰り温泉を訪れ、温泉分析書を読みながら、泉質に合った入浴法を熱心に研究するようになった。

2015年4月、界 松本へ配属されると、温泉の担当に手を挙げた。

この旅館は、星野リゾートでも指折りの温泉施設を持つ。それだけに、工夫次第では魅力的な温泉体験を提案できそうだという可能性を感じた。充実したハードの利点を活かし、温泉の効果をより実感できる入浴法、すなわち界 松本ならではの「現代湯治《とうじ》」を提案できないだろうかと星は考えた。そして、以前から胸の内に秘めていた「内なる力によるリラクゼーション」を具現化したものが、入浴中の水分補給と深呼吸に着目した入浴法だったのだ。

星によると、入浴指南を行なった顧客からは、「身体がすっきりした」という感想が聞かれるようになったという。それだけでも入浴指南の効果はあると彼女は言った。

「温泉に浸かって、『気持ちよかった』と感じて終わっていたのがこれまでの温泉入浴だとすれば、そこから一歩進んで、身体がすっきりするくらいの変化を感じてもらうことが入浴指南の狙いです。入浴方法を自分で工夫するだけで、自分の力で健康になれます。このことをぜひ、お客さまに実感していただきたいのです」

スタッフのこだわりや情熱がすべて

星へのヒアリングを終えて、星野は、界 松本の大浴場が高い顧客満足度を得ている理由は彼女の情熱であると確信していた。

「星さんと話して感じたのは、『顧客に温泉を楽しんでほしい』という熱意のすごさです。常日頃から考えているからこそ、大浴場が抱える課題も実によく把握していました。彼女の熱意や細かな配慮がつまったソフト面での工夫が、大浴場を含めた界 松本の施設全体の顧客満足度を高めているのだと思いました」

施設が提供するサービスが人を引き付けるかどうかは、素材やハードの良し悪しの問題ではない。スタッフのこだわりや情熱がすべてなのだと、星野は改めて感じたのだ。

もちろん、こだわりや情熱のあり方は、人それぞれ異なる。興味関心やバックグラウンドが違えば、発想されるものも違う。誰も思いつかなかったアイデアが生まれるかもしれないし、常識を覆す発想が飛び出すかもしれない。それが意外に顧客に好まれることがあるのは、奥入瀬渓流ホテルの「苔」をテーマにしたプロジェクトでも経験していた。さまざまなバックグラウンドを活かせる場が用意されていることは、組織が進化し競争力を高めていくうえで大事なことだと星野は再認識した。

それからしばらくして、界ブランド全体として温泉大浴場を強化するための社内プロジェクトが動き出した。界 松本の独自の取り組みに刺激された面も大いにあったようだ。「温泉旅館ブランドでありながら、温泉そのものを楽しみ、効果を実感できる温泉入浴を提案できていなかった」という課題認識をもとに、界ブランドのマーケティングを担当するスタッフが提案したものだった。

泉質を確認する「界 松本」の星

マーケティングのスタッフから相談を受けると、星野はすかさずこうアドバイスした。

「これは大事なプロジェクトだから、現場の志あるスタッフと一緒に作り上げるほうが、よりよいものができるのではないですか」

情熱やこだわりを持ちながら日々顧客と接する現場スタッフのエネルギーを、会社の競争力に活かさない手はなかった。

こうして全国の界から4人の有志が集まった。そのなかには、界 松本の星の姿もあった。ブランドのマーケティング担当者と総支配人を務めるオブザーバーを加えた6人で、界の温泉大浴場強化プロジェクトがスタートした。

志を同じくする者同士が、化学反応を起こす

集まったメンバーは、界の各施設で温泉を担当するスタッフで、年齢や経験はさまざまだが、所属する施設の温泉の魅力を高めたいという志は同じだった。

界 遠州《えんしゅう》(静岡県浜松市)から参加したスタッフは、入社4年目の地元出身者。「界

遠州の存在をもっと知ってもらい、界 遠州がある舘山寺《かんざんじ》温泉を有名にしたい。そのために温泉に力を入れている」と地元・舘山寺温泉への思いを口にした。

界 伊東（静岡県伊東市）から加わったのは、入社2年目のフレッシュなメンバーだった。界 伊東に配属されて初めて伊東温泉の存在を知った。「温泉の豊かさに驚いた。伊東温泉の存在をもっと広めたい」と語った。

界 川治《かわじ》（栃木県日光市）からは、30代の中堅スタッフが参加。もともと大浴場の担当ではなかったが、自身の体調不良をきっかけに漢方や東洋医学に興味を持ち、日本の湯治文化についても積極的に調べるようになった。湯治文化について楽しそうに話す彼女の様子を見た界 川治の総支配人が、活躍を見込んで指名したのだった。界 川治は、露天の岩風呂や檜風呂があるほか、湯量も豊富であり、温泉旅館としては申し分ない。そのままでも顧客には十分満足してもらえるが、「ソフト面でも工夫していきたい」と参加理由を語った。

大浴場の担当者同士、共通の課題や悩みも多く、「あれって、どうしてる？」「うちではこうしてるよ」「それ、今度やってみよう」と解決策を教え合ったりと、すぐに話は盛り上がり、化学反応が生まれるのに時間はかからなかった。

とくに若手メンバーは、星が培《つちか》ってきた温泉に関する豊富な知識と経験、それらに裏打ちされた星独自の温泉に対する考え方や取り組みに大きな刺激を受けたという。

界 伊東のスタッフは、「温泉に浸かって『気持ちいい』と感じるだけでなく、水分補給や深呼吸を取り入れることで自分自身を整えることができるのは、新たな発見でした。お客さまにもぜひ伝えていきたい」と目を輝かせる。

界 遠州のスタッフは、界 遠州の大浴場の浴槽の種類が少ないという、ハード面でのハンディをどう克服するかに頭を悩ませていたが、星に相談したことで、大浴場のハード面よりも、ソフト面に目を向けることの重要性に気づけたという。

「星さんに教えられたのは、お風呂上がりの水分補給の重要性です。これまでも湯上がり処には静岡のお茶を置いていましたが、どちらかというと静岡のお茶の魅力を伝えるため、季節限定で置いていました。これからはお茶が持つ水分補給という機能面にフォーカスして、お茶を通年で置いてみることにします」

異なるバックグラウンドを持ちながらも、志を同じくするメンバーが、互いに気づきと刺激を与え合う。それが、それぞれの持ち場での新たな挑戦につながっていくのである。

現場発の進化こそが、温泉旅館の強み

6人のメンバーは、界 松本での取り組みを参考にしながら、界ブランドが訴求したい温泉入浴のあり方を話し合った。

しかし、全国展開するにあたっては、一つ問題があった。地域によって気候も泉質も違うため、界としての温泉の楽しみ方を一概には提案できないことだ。たとえば、泉質が塩化物泉の温泉では、界 松本で提案しているような20分もの長湯は無理である。

そこで、全国で共通して実践できる入浴中の深呼吸をメインコンテンツに据え、「界のうるはし現代湯治」として提案することにした。ハンドブックを通して入浴中の深呼吸で得られるリラックス効果を訴求するとともに、湯上がり処に「温泉ギャラリー」を設置し、温泉の知識を深めることでより楽しんでもらおうと考えたのだ。

「うるはし」の言葉は、界 川治のスタッフが提案した。東洋医学への興味から、日本の湯治文化の歴史を熱心に調べていたスタッフである。

界のうるはし現代湯治の五カ条

㊀
温泉の本質を
理解しましょう

㊁
入浴法を
実践しましょう

㊂
呼吸法を
身につけましょう

㊃
湯上がり処での
「くつろぎ方」も大切です

㊄
温泉後のマッサージで
効能を実感しましょう

界ブランドが提案する「界のうるはし現代湯治の五カ条」

「日本で湯治文化が庶民に広がったのが、江戸時代中期です。そのころに使われていた古語のなかから、私たちが提案したい現代湯治に相応《ふさわ》しい言葉を探しました」

彼女はそう言って、自身の興味関心が色濃く反映された、思いのこもったネーミングであることを明かしてくれた。

全国の界では、「王道なのに、あたらしい。」をコンセプトに、約束（ブランドプロミス）を定めている（①現代に合った快適性を追求した和の空間、②その地域や季節ならではのおもてなし、③星野リゾートの精鋭スタッフによるサービス）。うるはし現代湯治は、界ブランドの4つめの約束として、2017年12月から全国の界で始動した。

ここから先は、うるはし現代湯治を各現場で実践し、浸透させ、現場スタッフが進化させていくことが大切だ。そう星野は考えている。理想をいえば、現場スタッフがその土地の気候や泉質に合った温泉入浴を提案していくのがいいだろう。この現場発の進化こそが、本部主導でコントロールする西洋ホテルチェーンとは違って、自分たちのような温泉旅館ブランドの強みである。現場発でそれぞれに進化するからこそ、お客さまがわざわざその地まで足を運んでくださるのだから――。

コラム

体験！魅力会議

楽しく仕事をするための仕掛け

星野リゾートでは、各施設が現場主導で地域らしさや地域の魅力を発掘し、サービスに反映させている。その魅力を考えるのが、各施設で開かれる「魅力会議」である。部門や世代を超えて幅広く希望者を募り、施設のコンセプトに沿って、季節ごとにどんな魅力を発信していきたいかを議論する。

魅力創造は、顧客に喜ばれる地域コンテンツを開発するためのものであるが、それだけが目的ではない。社員の主体性を引き出し、やる気を高めるための巧妙な仕掛けでもある。星野リゾートの施設のなかでも地域らしさが色濃く反映された温泉旅館「青森屋」の魅力会議を取材した。

自由な発想でアイデア出し

青森屋は、「のれそれ（津軽弁で目一杯）青森〜ひとものがたり〜」をコンセプトに、青森文化を丸ごと体験できる温泉旅館である。スタッフの7割を占める地元出身者が中心となり、ここでしか味わえない青森の魅力をコンテンツ化して発信している。青森の夏祭りを一年中楽しめるショーレストラン「みちのく祭りや」は代表的な魅力コンテンツの一つだ。

２０１７年8月下旬、館内が秋を感じさせる装いに変わり始めるころ、翌年の「秋の魅力」を考えるための魅力会議がスタートした。毎週1回、全8〜10回を目途に10月まで続く。その第1回会議に筆者も同席した。

敷地内の古民家の一室に集まったスタッフは20人ほど。普段は食事処として使われているこの場所は、殺風景な会議室とは違って、趣があって心地よい。もんぺにほお被りの女性や、調理場の白衣を着た男性など、持ち場のユニフォームのまま駆けつけたスタッフが入り交じり、華やかな活気がみなぎっていた。

まずは、過去に実施された秋の魅力コンテンツの振り返り。青森屋では2014年から、青森の特産である「りんご」と「ほたて」をキーワードにした季節イベントを毎年3～5つずつ開発してきた。人気コンテンツの一つである「りんごガチャガチャ」は、ハンドルを回すとカプセルに入った生のりんごが出てくる巨大ガチャガチャだ。2種類の旬のりんごが入っていて、どちらの種類のりんごが出てくるかわからない楽しみがある。青森でしか体験できないコンテンツとして多くのメディアで紹介された。

過去数年間の展開を共有したあとで、いよいよグループに分かれて翌年秋の魅力創造に向けたアイデア出しに入った。

第1回目の会議では、思考に枠を設けず、自由に発想を広げることが求められる。

「コストや実現可能性の問題はいったん脇に置きましょう。『のれそれ青森』のコンセプトや、『りんご』『ほたて』などのキーワードを意識して、自由に案を出してください」

司会者が告げると、和やかな空気で話し合いが始まった。

地元スタッフの青森愛に、気づきの視点を掛け合わせる

レストランや売店、広報など各部門の担当者と青森屋の渡部《わたなべ》総支配人を含む5人のグループに、筆者も加わった。メンバーのうち地元出身者が3人、県外出身者が2人という構成だ。

千葉県出身の渡部が筆者にこう説明した。

「県外出身者と地元出身者を必ず混ぜて議論することを意識しています。青森愛の強い地元スタッフは、当然ながら青森のことをよく知っていますが、彼らには当たり前のことが多く『何が青森らしいか』はわかりません。それに気づけるのが、県外出身者です。たとえば、県南部地方の伝統工芸品である八幡馬《やわたうま》は、地元スタッフにとっては子どものころから見慣れたものですが、県外出身者が見れば魅力的に映る。『これは実はすばらしい魅力だよ』と県外出身者が気づき、魅力コンテンツに作り上げたのが今秋オープンした

ばかりの『八幡馬ラウンジ』です。魅力に気づく役割と、魅力を深掘りする役割を掛け合わせて魅力創造を行なっています」

グループの話し合いでは、誰もが思いついたことを自由に発言しながら、雑談のような気楽さでアイデアを出し合っていた。会話がテンポよく弾み、部屋のあちこちで笑い声が響いた。時折、渡部が「みんな、子どものころは何やってたの?」「それ、青森弁で何て言うの?」とたずねて青森ならではの体験談を引き出したり、「それ、青森っぽくていいね」とコメントしたり。会話が途切れると、何かヒントを得ようと、テーブルに用意された何冊かの旅行雑誌をパラパラとめくった。

筆者は会議に先立ち、「ぜひ議論に参加してみませんか? アイデアを考えておいてください」と広報担当者に勧められていた。しかし、一人で考えるだけでは何も思い浮かばず、多少の不安を感じながら議論のテーブルに着いたのだが、いざ始まると、メンバーの何気ない一言からひらめきを得る場面も多く、いくつかのアイデアで貢献することができた。

アイデアはふせんに書いてホワイトボードに貼り、全体で共有していく。

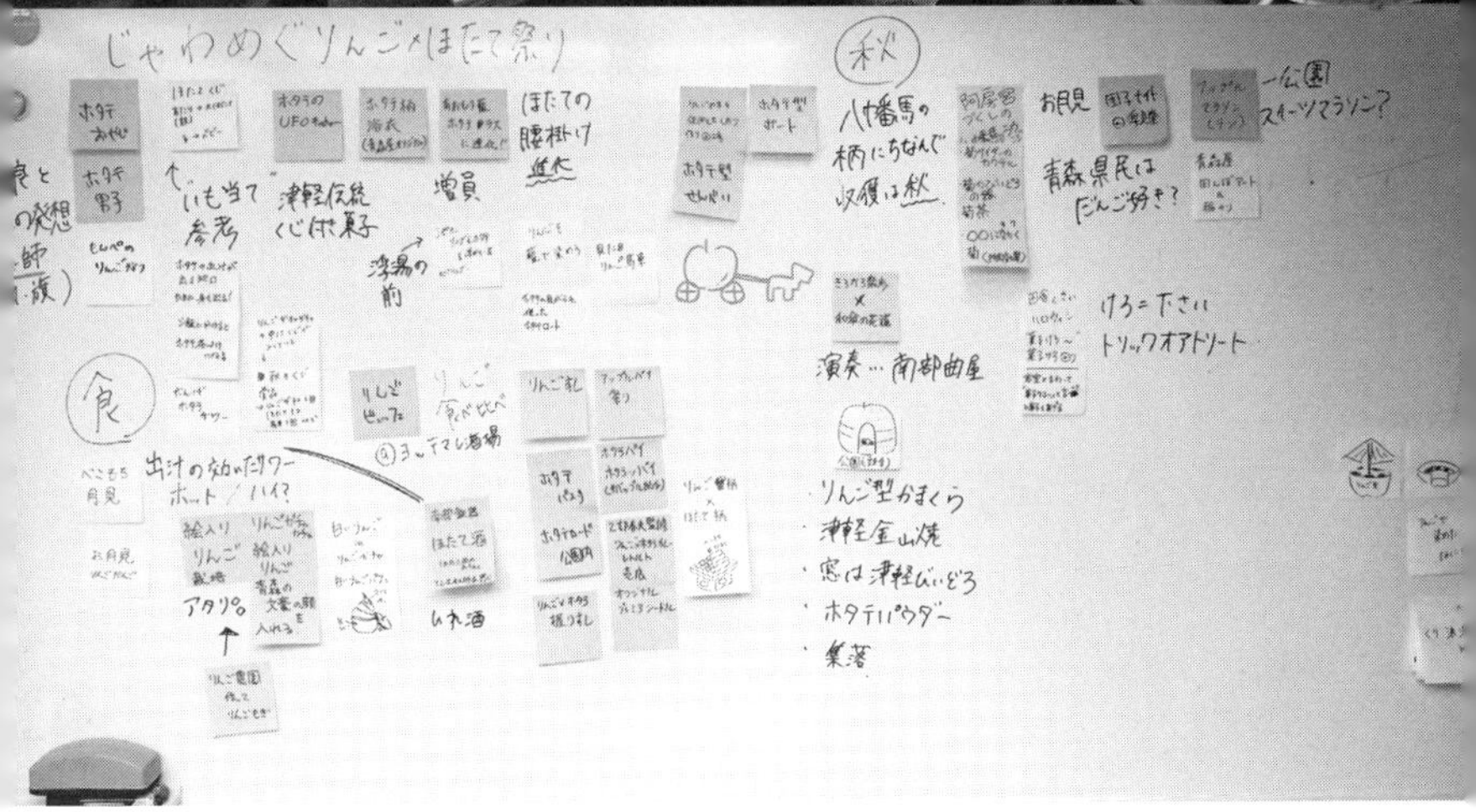

魅力会議の様子（上）と発表結果をまとめたボード（筆者撮影）

津軽伝統のくじ付きお菓子を参考にした「ほたてくじ」や、ハロウィンを田舎風にアレンジした「菓子けろ祭り」(「けろ」は「ください」の意味)、伝統工芸の金山焼《かなやまやき》と津軽びいどろでつくる「りんごの形をしたかまくら」など数十個のアイデアが出た。気になるアイデアがあると、司会者が発想のきっかけや具体的なイメージを発案者にたずねながら進めていく。

これらをヒントにして、ふたたびグループでアイデアを出し合い、最後にもう一度全体で共有して、2時間の会議を終えた。

楽しかった――。これが筆者の率直な感想である。

次回以降の会議では、1回目の会議で出たアイデアをさらに膨らませたり、アイデア同士を組み合わせたりしながら、「のれそれ青森」の視点から青森屋ならではのユニークさを追求していく。そのあとコストやオペレーションの面から検討し、最終的に数個に絞り込んで、来年の秋の魅力ができあがるのだ。

まずは働くスタッフが楽しむこと

青森屋では、魅力創造は季節ごとにテーマを変えて年4回実施される。メンバーは毎年募集し、年間を通した参加が基本だ。一つの季節の魅力創造に2~3カ月かかるため、超繁忙期や年末年始を除き、一年中ほぼ毎週、魅力会議に参加することになる。

普段の業務が忙しいと、魅力創造のような未来への投資時間はつい後まわしになってしまうものだ。多忙な旅館のサービス業務の合間をぬって、これだけの時間をどうやって捻出しているのだろうか――。疑問をぶつけてみた。

「魅力会議は、業務の一環としてあらかじめ組み込まれています。作業の効率化を徹底することで、魅力創造のような未来へ投資する時間を確保しています」と渡部。

複数のサービス業務を兼任するマルチタスクの実践も、業務の属人化を避け、チーム内でサポートし合うことで未来への投資時間を生み出す効果があるようだ。

　こうした業務設計の根底にあるのは、魅力創造などの企画立案の中心をスタッフが担い、「みんなで作り上げる」ことが重要だとする星野リゾートの考え方だ。

「『これが次の秋の魅力コンテンツです』と顧客対応マニュアルを渡される場合と、自分たちでコンテンツを作り上げた場合では、やる気が断然違います。魅力創造を通してその地域を好きになり、自分たちが発見した地域のよさをお客さまにも伝えたいと思うから、魅力的に伝えることができるし、仕事が楽しくなります。

　サービス業はお客さまに喜んでもらうことが大事ですが、それ以上に重要なのは、まず自分たちが楽しむことです。自分たちが味わう楽しさを、目の前のお客さまにも伝えたいと思う。それが魅力的なサービスを生み出します」

　こう熱く語る渡部の姿から、星野リゾートで魅力創造が重要視されているのは、顧客に地域の魅力を伝えるためであるのはもちろんだが、スタッフが関わることで仕事の楽しさを生み出すためなのだと再認識することができた。

10年続けば風物詩になる

魅力創造で目指すのは、一発の打ち上げ花火ではなく、何年も持続していく魅力コンテンツの開発である。数十個のアイデアを数個に絞って、丁寧に作り上げていくのも、一過性のサービスで終わらせないためだ。

「魅力コンテンツは、メディアに取り上げられれば、その時々の話題になりますが、それも5年、10年続けば風物詩になり、20年、30年続けば文化になります。私たちが目指すのは、丁寧につくった魅力コンテンツを持続させ、風物詩にして、青森の文化にしていくことです」と渡部は話す。

たとえば、冬の時期に露天風呂を囲む池にねぶた灯篭《とうろう》を浮かべる「ねぶり流し灯篭」は、青森屋の冬の風物詩になりつつあるという。これは課題だった冬の集客を増やすための魅力コンテンツで、冬の青森を代表する「雪」と「湯治」に、夏の祭りで登場する「ねぶた」を掛け合わせて生まれた。今ではこれを目当てに、冬の青森屋を訪れる観光客も増えて、冬の稼働が夏と同等にまで上がったというから、魅力創造の効果は絶大である。

「みんなで作り上げた」という事実が、すぐに成果につながらなくても途中であきらめず、成功するまでやり抜く力になる。また、施設コンセプトをベースに発想していくため、たとえ人事異動があっても魅力は継承されていく。新しい発想を取り入れて、継承しつつ進化もできる構造がそこにはあった。

魅力会議の議事録は、青森屋のスタッフ全員にメールで配信されるという。これを見て興味を持った人が、途中から参加することもできる。まさにオールメンバーによる魅力創造が行なわれているのだ。

未来像を実現するために、今、何をすべきか

青森屋は、これからも風物詩と呼べる魅力コンテンツを増やしていきながら、「青森発日本文化の継承者」になることを将来のビジョンに掲げている。星野リゾートが大切にするのは、こうした中長期ビジョン。目の前の結果にとらわれすぎず、長いスパンで考える習慣と行動の浸透が図られているのだ。

たとえば、新たな魅力コンテンツを始めるにはコストがかかるが、5年後に青森屋の理想像を実現できるのであれば、先行投資とみなして決断する。反対に、青森屋の進む道から外れるものは、コストがかからなくても却下する。

また、魅力コンテンツを実施して、集客や顧客満足度はどうだったのか、結果を検証し、改善点を議論し、翌年の魅力創造につなげていく。これが長期的には収益増に結びつく。こうしたサイクルを作り込んでいくことも、星野リゾートでは強く意識されている。

そうすると何が起きるのか。「魅力創造に取り組めば必ず成果につながる」とみんなが信じるようになり、スタッフが積極的に魅力創造に取り組むという好循環が生まれるのである。ここにも星野リゾートの強さの一端がある。

「5年後、10年後の青森屋のために、今、自分たちは何をすべきなのか。これにまずは注力しています。私たちは、『今月の売上目標はいくらです』という発信はしていません。自分たちが取った行動の結果の一つの指標が、売上であるという考え方です」

そう渡部は確信を込めて語ってくれた。

魅力会議に参加していたスタッフが実に楽しそうで、表情が輝いていた理由がわかった気がした。今、自分たちが作り上げている魅力コンテンツが、近い将来に多くの観光客を呼び込み、青森屋を愛する人が今よりもっと増える。そんなことを想像しながら取り組む魅力創造に、ワクワクしないはずはない。

第2章

組織の常識に挑む社員たち

「星のや京都」の朝食（「07 調理場は誰のものか」）

05

現場の決断「冬季営業再開！」

舞台はふたたび「01 苔メン現る」でも登場した奥入瀬渓流ホテル。

春夏は水の流れと緑が美しく、多くの観光客でにぎわう奥入瀬渓流だが、冬になると一転、雪深い静寂に包まれる。この地域は国内でも有数の豪雪地帯であり、冬は奥入瀬から八甲田山につながるバス路線も運休となる。渓流の目の前に建つ奥入瀬渓流ホテルは、冬の集客が難しいことを理由に、２００８年から冬季営業を停止してきた。

そして、２０１７年冬。

奥入瀬渓流ホテルは、９年ぶりの冬季営業に踏み切った。中心となって推し進めたのは、同ホテルの総支配人・宮越《みやこし》である。

もちろん、再開に至るまで物事がすんなり進んだわけではない。代表の星野佳路が強く反対していたからだ。

トップが「NO」と言えば、「NO」である。大抵の組織ではそうかもしれない。しかし、フラットな組織文化を追求してきた星野リゾートでは、トップが反対意見でも、現場の判断で実行に移されることは珍しくない。

では、重要な事項は誰が決めるのか。トップなのか、現場なのか——。そうした二元論を超えた「究極にフラットな組織文化」を物語る事例をこれから紹介する。

「奥入瀬の冬は絶対に無理だ」

「そもそも冬の奥入瀬渓流に水は流れていない」

これが星野の決まり文句だった。

奥入瀬渓流の水は十和田湖から流れ出ているが、観光客が激減する冬の間は湖の水門が閉じられ、奥入瀬渓流の水位が下がることがあった。その光景を見ていた星野は、「水の流れていない奥入瀬渓流に観光客が来るはずがない」と言って絶対に譲らなかった。

　奥入瀬渓流ホテルは、過去9年間、11月末から翌4月中旬までを冬季休館にしてきた。しかし、近年は冬以外のグリーンシーズンの業績が向上したこともあり、総支配人を務める宮越は、次なる挑戦として冬季営業の再開を考え始めていた。

　あるとき、宮越が東京オフィスを訪れた際、たまたま星野と雑談する機会があった。「これはチャンス」と思い、冬季営業について打診しようとした矢先、

「奥入瀬の冬は絶対に無理だから」

と出鼻をくじかれた。普段は穏やかな笑顔を絶やさない宮越が、このときばかりは表情を曇らせた。


　星野リゾートが奥入瀬渓流ホテルの運営を引き継いだのは、2005年のことだ。東北のリゾート施設としては189室と規模が大きく、団体旅行で訪れるツアー客向けの施設だった。

　しかし、バブル経済崩壊後は、全国各地のリゾート地が一気に縮小するとともに、

団体旅行も減っていった。奥入瀬渓流ホテルも例に漏れず、苦しい経営が続いていたため、集客が難しい冬を閉めることで、営業の黒字化を図った。２００８年のことである。

宮越は２０１４年にこのホテルに異動してきた。その翌年から総支配人を務めている。彼自身、冬の営業の難しさは肌で感じていた。客室稼働率は、紅葉の時期を迎える10月をピークに、11月に入った途端、一気に落ち込む。「この調子だと冬は厳しいだろう」ということは容易に想像できた。

一方で、旅行ニーズの変化に合わせた施設の改装を着々と進めてきた。団体のツアー客に代わりメインターゲットとなった個人旅行客を意識して、宴会場よりもレストランに力を入れたほか、客室もモダンな和室にリニューアルして魅力を高めていった。「苔さんぽ」をはじめ、奥入瀬渓流を満喫できる有料・無料のプログラムも充実させるなど、春から秋までのグリーンシーズンに集中して、魅力創造と集客に取り組んできた結果、２０１６年のグリーンシーズンの客室稼働率は平均で80％を超えた。

「今後の伸びしろを考えれば、次は冬だ」

宮越が「冬」の可能性を探り始めたのは、こうした実績があったからだ。

冬の奥入瀬に残る

星野との温度差を痛感しながらも、宮越は冬季営業を提案するタイミングを辛抱強く見計らっていた。

2016年の冬に入るころ、国が推進する「国立公園満喫プロジェクト」が世間で話題になった。国立公園満喫プロジェクトとは、2020年までに日本の国立公園を訪れる外国人旅行客を倍増させることを目標に、国立公園のブランド化を目指すものだ。奥入瀬渓流がある十和田八幡平国立公園もこのプロジェクトに選定されている。そして、星野はアドバイザーの立場でこのプロジェクトに関わっていた。

「今がタイミングだ！」

冬の奥入瀬渓流に特有な雪の造形美や体験は、海外旅行客、とくに雪に馴染みの少ないアジアからの旅行客に魅力的に映るはず——。宮越は星野に面会するため、東京オフィスへと向かった。

奥入瀬の冬にも見所はたくさんある。

まずは、そのことを星野に理解してもらおうと宮越は考えた。

その前年の冬、ホテルのスタッフが短期異動で奥入瀬を離れる間、宮越はネイチャーガイドの丹羽（苔さんぽの発案者）と共に、奥入瀬の冬の魅力を再発見するためにホテルに残っていた。

宮越にとっても初めて経験する奥入瀬の冬である。そこには見たことのない景色が広がっていた。

奥入瀬渓流の滝は、冬には凍りついて「氷瀑《ひょうばく》」となる。その美しさは丹羽からも聞いていたが、実際に目にすると圧倒的な迫力があった。氷瀑を見られる場所は全国にいくつかあるが、ホテルから車ですぐの道沿いに何カ所も氷瀑が現れるアクセスのよさは、奥入瀬の冬のアピールポイントになると宮越は確信した。

スノーシューを履いて、十和田湖をぐるりと囲む外輪山《がいりんざん》からの景色や、八甲田山の樹氷を見に行ったり、無人のホテルの客室の灯《あか》りをともし、冬の奥入瀬渓流ホテルのイメージを撮影したりと、冬季の奥入瀬渓流の景色を何枚もの写真に収めた。

「どうですか？　冬の奥入瀬も魅力的でしょう？」

宮越が何よりも星野に見せたかったのは、冬の奥入瀬渓流にも水が流れているという事実だった。証拠の写真を見せると、星野は「あれ？　こんなに流れているの？」と拍子抜けした調子でつぶやいた。


冬季営業へはホテルのスタッフや外部関係者の期待も高く、宮越は彼らの思いも背負ってプレゼンテーションの場に臨んだ。

宿泊予約を担当するメンバーは、奥入瀬の冬の写真を見て「これだけの見所があれば、冬の予約も取れそうだ」と太鼓判を押してくれた。マーケティング担当者や運営メンバー、統括メンバーも宮越の考えに賛同し、旅行代理店の担当者も、「ぜひやりましょう」と意欲を見せた。

冬の営業を盛り上げるには、路線バスの運行などで行政との連携も不可欠だ。青森県や十和田市の観光課にも相談したところ、「冬の観光促進は、やりたい気持ちはあってもこれまでは難しかった。でも、星野リゾートさんが動くなら」と全面協力を約束してくれた。

奥入瀬渓流ホテルの宮越総支配人

周囲の理解と賛同、応援と後押しを味方につけて、宮越は提案したのだ。

「冬季営業を再開しても、短期間で軌道に乗るとは思っていません。しかし、どこかでスタートしなければ、通年営業が軌道に乗ることもありません。これだけ足下が固まった今こそ、始めるときではないですか」

少しの沈黙があってから、

「でも、そんなに簡単ではないよ」

と星野。最後まで同じ言葉を繰り返したのだった。

誰かの指示に頼らない組織

暮れも押し迫ったころ、いよいよ、奥入瀬渓流ホテルの冬季営業が再開した。

ここで、筆者にはある疑問が残った。星野は、あれほど反対していた冬季営業を最終的にOKしたのだろうか。直接本人にたずねてみると、返ってきたのは意外な答えだった。

「いや、OKした覚えはないんです。いまだに反対だと伝えています」

冬季営業を再開すると決めたのは、星野ではなく、現場だというのだ。

星野リゾートには、一般企業でよくある「トップにお伺いを立てる意思決定プロセス」は存在しないという。したがって「トップの決裁が下りなければ案件が進まない」という現象は起こり得ないのだ。

星野は以前、こうも話していた。

「私は聞かれれば意見は言いますが、『やってみなさい』とか『やめなさい』といった指示は出しません。誰かの言うことや、誰かの指示には頼らないのが私たちの組織です。トップの言うとおりにすれば評価されるのではなく、顧客満足が高まることに取り組まなければ自分たちの評価にはならない。だから、顧客の満足につながると自分たちが信じることをやるしかないのです」

誰が言ったかではなく、説得力のある意見が採用される。これがフラットな組織なのだと星野は言い続けている。

今回も、グループの代表として、また9年前に冬季休館を決めたときの状況をよく知る一人として、星野は冬季営業に対して反対意見を述べた。しかし、今の現場を最もよく知るのは宮越総支配人以下の現場スタッフであり、現場から遠く離れた星野がトップダウンで決めることではないと考えているのだ。

一方で、サービスに正解はないからこそ、「やってみる」ことには反対しなかった。

「何が正解かは、やってみなければわかりません。この9年間でホテルの改装が進み、春と夏の魅力創造によって稼働率が向上しているなど、当時とは状況が変わっているのも事実です。自分たちが信じることを、やってみるのはいいことだと思っています。やってみてダメなら、現場の判断で閉めることになるでしょうから」

もし、これがスキー場の設備やサービスに関する議論なら、星野は自分の意見をもっと強く主張したかもしれない。「年間60日をスキーに充てる」と決めているほどのスキー愛好家である星野にとって、スキーヤーの気持ちやニーズは自分が一番よく理解しているとの自負がある。星野リゾートが運営するスキー場や併設するホテルのサービスについて、星野が一歩も引かずに議論を戦わせる様は、スタッフにはお馴染みの光景だという。

代表であろうと、総支配人であろうと、スタッフであろうと、役職に関係なく同じテーブルで議論できる文化。中途半端にフラットなのではなく、究極にフラットな環境をつくること。これが、経営者として星野が心血を注いできたことなのだ。

総支配人にスタッフが反論

フラットな組織文化が現場ではどのような形で浸透しているのかを知りたくて、総支配人の宮越にこんな質問をした。

「総支配人の反対にもかかわらず、議論の末、スタッフの意見が採用されたことはありますか」

宮越は即座に「あります」と答えて、次のようなエピソードを語った。

奥入瀬渓流ホテルは、自然を満喫するためのアクティビティプログラムが充実していて、それらを売りにしている。奥入瀬渓流の見所を解説する「森の学校」、目覚めのコーヒーを飲むためだけに渓流に出かけていく「渓流モーニングカフェ」、渓流の近くでストレッチをする「奥入瀬ブレス」などが人気だ。

これらのプログラムが始まった当初、料金をどうするかという議論になったという。有料にするのか、無料にするのか。当時、プログラムはすべて有料で提供していたからだ。

あるスタッフが、「試験的にやってみたら評判がよかったので、一部を無料にして一人でも多くの人に参加してほしい」と意見を述べた。

宮越は、ある程度は収益を削って参加のハードルを下げることには賛成だったが、「赤字でも構わない」という考えには反対だったため、こう意見した。

「コスト意識は重要です。自由に経費を使っていいとなれば、君たちスタッフが育たない。それに、館内に年中赤字の部門があるのは嫌でしょう?」

すると、スタッフが具体的な数字を出して反論した。

「今、プログラムの参加者は宿泊客の2割にも満たないんです。ホテルの売りであるのに、アクティビティの参加率が低い現状をもっと深刻に捉えるべきではないでしょうか」

そして、こう提案したのだ。

「プログラムの参加費は宿泊料に含まれていると考えて、参加率を上げることをまずは目指しませんか」

宮越は、その意見に完全に同意したわけではなかった。たとえ参加率が上がっても、無料で提供する限り赤字には違いない。「赤字って、どうなんだろう?」と思いながらも、「そこまで言うなら」とスタッフの意見を採用したのだった。

任された以上は成功させたい

それからおよそ2年が経った。

現在は、プログラム全体の参加率は7割を超えるまで上昇し、有料プログラムの売上も伸びているという。一部を無料で提供したことで、プログラムに気軽に参加する人が増え、一度体験した人が有料プログラムにも興味を持つようになったのではないか。宮越はそう分析している。無料プログラムを始めてからは、ホテル滞在全体の満足度も高まっている。

「無料にしたのは、今思えば正解でした」

と宮越は素直に認めた。

参加率が2割と聞いたとき、宮越もそこまで低いとは思っていなかったという。誰もが自由に意見を言える環境だから、スタッフの指摘により問題点が浮き彫りになり、議論を通して正しい判断が導き出されたのだ。

ただし、これも実際にやってみなければわからなかったことともいえる。

冬季営業に関しても、どれだけ集客できるかは、やってみなければわからない。奥入瀬は紅葉シーズンの人気は高いが、冬の認知度はゼロに近い。「こんな大変なこと、本当に始めてよかったのだろうか」と宮越の胸には今でも不安がよぎる。

今後、冬のアクティビティプログラムをどれだけ充実できるかが、集客のカギになると宮越は考えている。まずは奥入瀬渓流の氷瀑を一番の見所に据え、冬の国立公園ならではの魅力を訴求していくつもりだ。氷瀑を観賞するツアーや、夜の氷瀑ライトアップ、八甲田山の樹氷を見に行くツアーも企画している。

冬季営業は、「総支配人になって最大のチャレンジ」と宮越は言う。軌道に乗るまで3年くらいかかるのは覚悟のうえだ。

任せられた以上は成功させたい。そして近い将来、「冬季営業は正解だった」という言葉を星野の口から聞きたいと思っている。

06 私のやり方を貫く

星野リゾートは、国内外約40拠点で旅館やホテルを運営している。つまり、40人の総支配人がいるということだ。メディア上では、代表の星野佳路の存在感がひときわ目立っているが、星野リゾートの躍進を支えているのは、各施設の現場スタッフである。その現場の先頭に立つのが、星野のDNAを直に受け継ぐ40人の総支配人たちである。

永田は、これまで3つの施設で総支配人を務めたベテランだ。どの施設でも、スタッフのモチベーションを高めて着実に業績アップにつなげてきた。

代表の星野は、彼女の実績を認めたうえで、「永田さんが総支配人としてここまで活躍するとは思っていなかった」と打ち明ける。「総支配人には向かないタイプ」と思っていたという。

普通に考えれば、上司からそのように評価された部下が、組織で重要なポジションに抜擢される可能性はそう高くはない。彼女はなぜ、総支配人のポジションに就くことができたのだろうか。

星野リゾートでは、チームを率いるユニットディレクター（UD）や総支配人になるために、意欲のある人がそのポジションに立候補できる制度がある。UDや総支配人になったらどんな目標や戦略で組織を運営していくのか、全社員に向けてプレゼンし、社員の評価をもとにUDや総支配人が決まるというもの。立候補するチャンスは、入社2年目の社員からベテラン社員まで、全員に等しく与えられる。この制度は、「上司による抜擢には限界がある」という考え方から生まれた。

挑戦したい人が、挑戦できる機会がある。抜擢されるのを待つ必要はない。そうした環境で、永田は活躍のフィールドを広げ、星野が予想した以上の成果を挙げてきた。試行錯誤しながら独自のリーダー像を確立していった挑戦の足跡を追った。

捨て身の立候補

かつての永田の印象について聞かれると、「いつも思い悩んでいるように見えた」と星野は答えた。社内研修で一緒になっても、何を考えているのか表情からは読み取れない。「何か言いたいことがあるんでしょう？」と発言を促しても、言葉を発するまでにタイムラグがある。ゆっくりとした、かつ説明が多い話し方も、星野のペースには合わなかった。

２０１３年、永田がグループ全体をまとめるスパ統括部門のＵＤへ立候補すると聞いたときは、正直、難しいのではないかと思った。現場を引っ張っていけるのは、決断の早い人だ。そう考える星野にとって、永田は理想のリーダー像とはかけ離れていた。

立候補を決意する前、永田は星野へ直談判していた。

当時、「星野リゾート　リゾナーレ八ヶ岳《やつがたけ》」でスパユニットのＵＤを務めていた彼女は、グループ内でスパ業務を担当するスタッフの育成を引き受けていた。トレーニング中は生き生きと輝いていたスタッフが、持ち場に戻るとなぜか仕事を辞めてしまう。そのことに胸を痛めていたという。

スタッフから相談を受けてわかったのは、総支配人からは「もっと売上を上げるように」と発破をかけられる一方で、このころはまだ、温泉施設におけるスパ事業の位置づけが定まっておらず、その狭間に立たされたスタッフへの肉体的・精神的な負荷が増えていたことだ。必死にトレーニングを積み、「早くお客さまに喜んでいただけるようなサービスを提供したい」と巣立っていったスタッフのことを思うと、永田はやるせない気持ちでいっぱいだった。

そんなとき、星野がリゾナーレ八ヶ岳を訪れることを知り、面談の約束を取り付けた。そして思いの丈をぶつけた。

「意欲のあるスタッフが休職や退職に追い込まれている状況を、経営者であるあなたはわかっていますか？　これから施設が増えていけば、スタッフの負担もますます大きくなります。このままでいいはずがありません。なんとかしたいんです」

永田の訴えを一通り聞いた星野は、静かに口を開いた。

「それで、永田さんはどうしたいの？」

永田は言葉に詰まった。どうしたいかまでは考えていなかった。

「そんなに問題だと思うなら、永田さんがやればいいんじゃない？」

淡々とした物言いに、永田の心は傷ついた。代表は冷たい人だ。私がこんなに必死に訴えているのに！

ただ、総支配人として経験を積んできた今ならわかる。状況を伝えただけで、何の具体策も持ち合わせていなかったのだから。「気持ちだけで戦いを挑んだのは、甘かったと今は思っています」と永田は振り返る。

だが、当時はそこまで考えが及ぶはずもなかった。経営者である星野に談判しても変わらないなら、もう会社を辞めるしかないとまで思い詰めてしまった。

星野がこの件では動かないと知ると、永田の正義感に火がついた。

そして、大胆な行動に打って出る。どうせ辞めるなら、この問題を社内に発信してから辞めよう。スパ担当のスタッフが置かれた現状を社内に問い、自分なりの改善策も提示する。スパ統括部門を新たに設置することを提案し、そのＵＤに立候補することにしたのだ。

立候補は、星野と会社に対する捨て身の挑戦状だった。

違う自分を演じ切る

自分の意見に耳を傾けてもらうには、説得力のあるプレゼン内容はもちろんだが、聞いてみようと思われるような話し方でなければならない。永田は、自分の話し方がそうではないことに気づいていた。

「私は、まず人の話を聞いて、自分のなかでかみ砕いて、考えをまとめてから話したいタイプ。だから結論を言うまでに時間がかかります。口数が少なく、淡々と話すので、暗いイメージを持たれていました。代表の星野も私のそんなところが苦手だったのだと思います」

永田は、イメージと反対の自分を演じ切るという作戦を立てた。要点をシンプルにまとめ、結論を先に伝える。明るく、元気に、はきはきとした口調で、星野に負けないくらいのボリュームで話す。自動車通勤のハンドルを握りながら、ひたすら発声練習に明け暮れた。大声を出して叫ぶ、口角を上げ続ける……。捨て身だから何でもできた。

プレゼン当日、練習の成果は確実に表れた。

プレゼンを聞いた社員は、「今までの永田さんの印象と全然違って、明るい」とポジティブな感想を口にした。また、当該施設の総支配人からはこんなコメントもあった。「スパの問題は認識していたが、専門外の領域のため、どうすればいいのか困っていた」「まとめて解決してくれるのならありがたい」。永田に期待する声が多かったのである。

結果的には、スパ統括部門を新設するという永田の提案は見送られた。その代わり、問題解決への意欲が評価され、スパ施設を持つ「星野リゾート　ウトコ　オーベルジュ＆スパ」（現在、星野リゾートによるウトコ　オーベルジュ＆スパの運営は終了）の総支配人への就任を打診されたのである。

会社の信頼に応えたい

高知県室戸《むろと》岬にあるウトコ　オーベルジュ＆スパは、２０１０年から星野リゾートが運営を請け負っていた。しかし、東京から遠く、社内では「陸の孤島」と呼ばれ、３年が経った当時も業績が低迷していた。「ウトコが困っているから、総支配人を引き受けてもらえないか」という会社からの提案だった。

会社を辞める覚悟で立候補した永田は、思いもよらない提案に面食らったという。

一方で、気になることもあった。ウトコでは、リゾナーレ八ヶ岳でトレーニングしたスタッフが働いていたのだ。まずは私を必要としてくれる施設で、自分のできることから改善していけばいいのではないか。永田は前向きに考えることにした。

何よりも彼女の心を強く動かしたのは、まだマネジメント経験の浅い自分に、総支配人という重責を伴うチャンスが与えられたことだった。総支配人のポジションは限られていた。ましてや、当時、女性で総支配人に就いた人はほとんどいなかった。

会社の信頼に誠心誠意、応えたい。永田はそう心に決めた。会社は永田の意欲と可能性に懸け、永田はチャンスをつかんだ。

ウトコのミッション、ビジョンは何か

ウトコに着任した永田は、早々にウトコの厳しい現状に直面することになる。

それは、スタッフの電話の受け応えにも表れていた。彼らは星野リゾートであるこ

とを名乗らずに、「はい、ウトコ オーベルジュ&スパでございます」と電話に出ていたのだ。

それまでウトコには、星野リゾートの社員が来ることはほとんどなく、グループの支援が行き届いていなかった。永田が致命的だと感じたのは、働いているスタッフに、星野リゾートの一員であるという意識が薄いことだった。本人たちも、自分たちは放置されている、と感じているように見えた。

永田がまずとった作戦は、会社の方針や価値観をスタッフと共有すること。会社のミッションやビジョンは何か、それに基づくウトコのミッションやビジョンは何か。これらを、時間をかけてスタッフと話し合うことにしたのだ。また、ウトコの売上や顧客満足度、他施設のトピックスを日常的に共有し、自分たちの置かれた状況を認識してもらおうとした。

それと同時に、彼女自身が会社のことをもっと知ろうと努力した。自分が理解し納得していないことは、スタッフにも説明できないし、スタッフも納得しないだろうと思ったからだ。会社のことを知るために、ウトコ以外でも星野リゾートのホテルや旅館がテレビや雑誌に取り上げられれば、番組をすべて録画し、記事にも目を通した。

そのことによって、自分に足りていなかったマネジメントや宿泊業に関する知識が身につき、今までより大きな視点で会社や施設を捉えられるようになったと永田は言う。

しかし、一番のネックは、代表の星野だった。星野に対して苦手意識を持っていたのだ。

会社を知るには、経営者のことをもっと知らなければ。永田は星野が関わっている書籍はもちろん、インタビュー記事もインターネットで過去までさかのぼってすべて目を通し、星野が今の考えに至った背景や経緯までも知ろうとした。社内で星野が会議に参加すると聞けば、自分には直接関係のない会議にも参加した。「まるで追っかけのようでした」と、永田は当時の自分をそう表現する。

こうしてインプットした情報をウトコに持ち帰り、スタッフが理解できるわかりやすい言葉や例を使って、かみ砕いて伝え続けた。

スタッフに仕事を楽しんでもらうのが私の役割

永田は自分が話すだけでなく、スタッフに対して頻繁に質問を投げかける。

「なぜこれをしているの？」

「これは何ですか？」

フロントに立ちながら、「今のお客さまがおっしゃっていたことは、どういう意味だと思いますか？」と隣で接客するスタッフにたずねたりもした。

最初のうち、スタッフは永田の質問に答えられず、戸惑う場面が多かった。言われたとおりに仕事をすることに慣れていたスタッフは、疑問を持ったり、考えたりする習慣がなかったのだ。この事実を突きつけられ、愕然とするスタッフもいた。

「それに気づけたことが大事だよ。これからは自分たちで考えていこう」

永田はスタッフに寄り添い、励ました。

なぜスタッフによく質問するのか。そうたずねると、「彼らの思考力を高めるのが私の役割だと思うから」と永田は答えた。

「私の考えを言ってしまえば簡単ですが、自分たちで考えるからこそ、仕事は楽しくなるし、実力以上の力を発揮することができます。そのためには、正しく考えるための情報が与えられること、それを理解して腹落ち（納得）させることも大事だと思います。それに会社や上司が正解を持っていないことも少なくありません。やはり現場スタッフが楽しみながら考えることが一番大切なんです」

そして、永田自身、「スタッフが何を考えているのか、どう感じているのかを知りたくて、話しかけていました」と語るように、仕事の話だけでなく、プライベートについてもよく会話したという。休憩中はスタッフと一緒に昼食をとりながら、「今日はお弁当をつくってきたんだな」「最近はインスタントが続いているな」とスタッフの様子を見守ることで、日々のコミュニケーションは自然と増えていった。

スタッフに考える力をつける、といっても一朝一夕にはいかない。それでも試行錯誤を繰り返すうちに、スタッフに変化が表れ始めた。

星野リゾートでは、宿泊客を対象に顧客満足度調査を行なっているが、自分たちの顧客満足度（CS）に興味を持ち始めたことは、大きな変化だった。「私たちのCSはグループ内でどれくらいですか」「あの施設のCSはどうですか」と進んで情報を求めてくるようになったのだ。グループ内の他の施設のサービスにも関心を持ち始めたようで、「あの施設で新たな魅力創造に取り組んだようです。それに対するお客さまの反応はわかりますか？」と永田に情報収集を頼んでくることも増えた。

スタッフが自分で考え、動き始めたのである。これこそ永田が目指した現場の姿だった。

人の能力は未知数である

永田のウトコ着任から1年が経つと、ウトコの業績は上向いてきた。

そのころ、代表の星野がウトコを訪れた。

星野は、想像以上に活気あふれる現場に目を見張った。スタッフはみんな永田と一緒に仕事をするのが楽しいらしく、彼女のために一生懸命に仕事をしている。スタッフのモチベーションを高め、施設の収益を上げていくことが総支配人の仕事だが、それを彼女がなぜ見事に果たせているのか、不思議だった。

しかし、スタッフに話を聞くことで、その謎が解けることになる。リーダーのコミュニケーションスタイルには、いろいろなタイプがあり得るものだ。これが正解というものはないのだな、と星野は目が開かれた気がした。

星野が言うには、星野リゾートの総支配人の誰よりも、永田はスタッフとのコミュニケーション量が多い。

「永田さんは、スタッフ一人ひとりの仕事の悩みや個別の事情をよく理解して、きめ細かく対応していました。彼女は何事も決断するまでに時間がかかりますが、それが現場のフラストレーションにならないのは、スタッフとの豊富なコミュニケーション量がそれをカバーしているからなのでしょう」

永田はウトコの後、「界 日光」の総支配人を任された。どちらも既存施設の運営を星野リゾートが委託された案件で、星野によると、新築案件に比べると不利な環境や条件であることが多いという。たとえば、界 日光では、冬にいろは坂が通行困難なことから、冬の集客が課題だった。しかし、永田はあきらめなかった。熟考の末、東京から界 日光まで、冬季限定で無料送迎バスを運行することを決めたのである。

「問題を一つひとつ解決し、集客や収益につなげていく粘り強さも、永田さんの持ち味です。考え抜いた末にたどり着いた結論は非常に論理立っていて、スタッフは安心してついていけます。そして一度決めたら、成功するまでやり抜く。本人のキャラクターが強く影響しているリーダーシップだと思います」と星野は語った。

人の能力は計り知れない。永田の活躍を見るにつけ、星野はそう思う。上司が一方的に見るだけで、正しく把握することは難しい。それゆえ、星野リゾートには立候補制度がある。星野はこの制度にある思いを込めていた。

「面接で評価の低かった人が、現場に出て活躍することもあれば、その逆もあります。人にどのような能力があるかはやってみないとわからないし、ポジションが本人の能力を伸ばすこともあります。上司の立場から見た評価は、まったくあてになりません。だからこそ、やりたい仕事に挑戦でき、自分たちの力を自由に試せる環境が大事なのです。それが立候補制度です。代表の私がどう思おうと、社員による評価が高かった人がポジションに就けるのが、この制度のルールです」

やってみてうまくいかなければ、それは本人が一番よくわかることだろう。一方で、やってみることで新たなリーダーが生まれることもある。それが個人のキャリアアップはもちろん、組織の活性化にもつながっていくのである。

総支配人のポジションにはこだわらない

星野リゾートに入社した当時、永田のキャリアプランに総支配人の想定はなかった。「まさか自分が総支配人になるとは……」と、いまだに驚きのほうが大きい。

彼女自身は、自分から希望して総支配人になったわけではなかったが、「経験してみると、プレーヤーやUDとして見ていた世界よりも広い世界があることを知り、思考の幅も格段に広がりました。この景色をスタッフに伝えるのも、私の役割かなと思っています」と自分のキャリアを振り返る。

3施設目の「界 川治」で総支配人を務めていたころ、今後のキャリアについてたずねたことがあった。すると、「総支配人で居続けたいとは考えていません」と意外な答えが返ってきた。

理由の一つは、自分以外の人にも総支配人を経験してほしいからだという。「役職の数に限りがあるなかで、自分が退くことでほかの人にチャレンジの機会が与えられるなら、それもいいと思っています」と永田は語った。

もう一つは、役職にこだわらなくても、やりたいことに挑戦できる環境であることが理由だった。いったん総支配人を退いても、また総支配人をやりたいと思えば立候補することができる。総支配人以外にも、やりたい事業やサービスがあれば新規事業として提案することも可能だ。

スタッフと話すリゾナーレ八ヶ岳の永田（右）

「総支配人でなくても、できることは十分にあるという気がしています。ポジションにはとらわれず、『おもしろいか否か』の基準で考えていきたい」

実はそう語った後、永田は古巣のリゾナーレ八ヶ岳への異動が決まった。ウエディング部門のUDとして戻ることになったのだ。「今後、リゾナーレ八ヶ岳がウエディング事業を強化していくにあたり、その可能性を模索してほしい」——会社からの提案だった。

永田にとってウエディング部門はまったく未知の世界である。「まるで別会社に転職する気分です」と永田は笑ったが、予想もしなかった展開をどこかで楽しんでいるようにも見えた。

一直線に伸びていくキャリアではない。その時々の自分の興味関心やモチベーションのあり方、ライフステージに合わせて柔軟にキャリアを構築できる環境が、星野リゾートにはある。そのなかで、永田はこれからも、自分がおもしろいと思うことに挑戦していくのだろう。

07 調理場は誰のものか

京都・嵐山の渓谷にたたずみ、非日常の滞在を提供する「星のや京都」。この旅館の自慢の一つが、「五味自在」をコンセプトにした会席料理である。京料理の伝統を重んじながら、見た目も味わいも独創的な日本料理に魅了され、繰り返し訪れるファンも多い。星のや京都のダイニングは、2012年にはミシュランの星も獲得した。

この旅館でダイニングマネジャーを長年務めた松本は、初めてこの職場に入ったときのことを振り返って、「料理人とサービススタッフの垣根が低く、一体感を持って仕事をしていたことに驚いた」と話す。

調理場といえば、いまだに厳格な上下関係が存在し、料理人以外の人間が料理に口を出すことを許さない雰囲気がある。ところが、星野リゾートが運営するホテルや旅館の調理場には、そうした階層意識や排他的な空気はあまり感じられない。フロアサービスを担うスタッフが料理についてディスカッションしたり意見するのは一般的だ。

星野リゾートの代名詞である「フラットな組織」は、調理場でも実践されているのだ。

現場で働くスタッフが対等の立場で議論できてこそ、主体的に考え、行動することができる。プロの料理人とサービススタッフが、どちらが上でも下でもなく一丸となって顧客満足を追求するとき、ゲストが感動するサービスが生まれるのだ。

美しい盛り付けだが、ゲストにとっては……？

星のや京都でダイニングマネジャーを務める松本は、ダイニングルームの片隅に立ち、ゲストが食事する様子を見守っていた。調理場に戻ると、料理長の久保田にそっと話しかけた。

「このお料理ですが、盛り付けは美しいのですが、お客さまが召し上がりにくそうでした。もう少し食べやすいように変えていただけませんか」

京都・祇園の割烹《かっぽう》の家に生まれた久保田は、海外修業の後、ロンドン初の京会席料理の店でミシュランの星にも輝いた。海外でも評価の高い料理人である。

久保田は顔を上げて、松本を見た。

「ホンマか?」そう言って一瞬考え込んだ後、盛り付け担当に変更を指示した。

久保田はいつも、サービススタッフのフィードバックを真摯に受けとめ、必要であればすぐに改善に取り組んだ。松本はそのことに感謝していた。

また、こんなこともあった。

星のや京都では、毎月献立の変更を行なう。新しい料理に切り替わる月初は、調理手順を細かく確認しながら進めていくため、調理に手間取り、ゲストを待たせてしまうことが度々あった。しかし、それは調理場の事情であって、ゲストには月初も月末も関係ない。

「お客さまに最適なタイミングで召し上がっていただきたいので、お料理の遅れは何とかなりませんか」

松本が改善を求めると、久保田は次回から、調理手順や盛り付けを確認する時間を事前に取るようになった。手際よく料理を出せるよう段取りを改めたのだ。

サービススタッフの意見を料理人が取り入れるのは、星野リゾートでは珍しいことではない。しかし、松本が経験してきた職場では考えられないことだった。

料理は料理人の聖域であり、サービススタッフは口出しできないと考えるのが一般的だ。意見を述べるにしても、「こんなことを言って申し訳ないのですが……」と腰を折って丁重に切り出さなくてはならないだろう。

「料理」を料理人の聖域にしない

松本の実家は、京都の料理屋である。小さいころから店を手伝ううちに、接客の楽しさに目覚めた。これがサービス業を志すようになった原体験である。

大学卒業後、地元の高級輸入雑貨店で働いた後、ワーキングホリデーのためニュージーランドへ渡り、英語を勉強しながら現地ホテルのレストランで働いた。帰国後、それまで培った語学とホテル・レストランのサービススキル、日本料理に精通したバックグラウンドを活かせる仕事を探していたとき、京都・嵐山にオープンする旅館の求人を見つけた。

ここには自分の活躍の場がある。そんな予感に導かれ、松本は2009年、星のや京都のダイニングサービスのスタッフになった。

新しい職場は、松本が知る伝統的な調理場とはまるで違っていた。当時の料理長には、星野リゾートのフラットな組織文化をよく理解する人物が就いていたのだ。

松本が衝撃を受けたのは、サービススタッフが料理のことで意見を述べていたことだ。毎月の料理改定のたびに、社内で試食会が開かれ、各サービス部門の責任者が出席した。料理の素人である彼らが、

「箸が通りづらい（もう少し柔らかく、箸で切りやすいほうがよい）」

「料金に見合った献立か」

「味付けがやや濃い」

「この大きさだと、女性が一口で召し上がれない」

「今回の献立の構成だと、デザートはもう少しさっぱりした味のほうがいいのでは」

「提供時の温度はもう少し上げたほうがいいと思う」

と忌憚《きたん》ない意見を述べても、怒り出す料理人はいなかった。

それだけではない。4人の料理人に交じって、3人のサービススタッフが調理場に入り、包丁を握っていたのだ。

素人が入って調理場が成り立つのだろうか――。松本は調理場をそれとなく観察してみた。

料理人とサービススタッフには役割分担があった。料理の要である出汁《だし》や味付けは料理人が担当し、一方のサービススタッフは、材料を量ったり、炊き上げるものを個別に包装して準備したりする、いわゆる〝まわし仕事〟を担当していた。サービススタッフの技術が不安な場面では、料理人がフォローすることで、調理場はうまく機能しているように見えた。

夕方まで調理場で仕込みをし、夜はフロアに立つスタッフもいた。自分たちがつくった料理を自分たちでテーブルに運ぶのは、気持ちの入り方がまったく違うようだっ

献立を打ち合わせる「星のや京都」ダイニングマネジャーの松本と久保田料理長

た。

料理人とサービススタッフが一体となって仕事をする環境に、松本は大いに刺激を受けた。

日本旅館の顔の一つでもある「料理」に、星野リゾートは力を入れて取り組んできた。代表の星野佳路が重要だと考えるのは、「料理を料理人の専門分野にしすぎないこと」である。ホテル業界における弊害はそこにある、と星野は指摘する。

「実際に料理メニューを考え、料理をつくるのは料理人です。しかし、料理を出してお客さまの反応を見たり、要望に応えたりするのはサービススタッフです。サービスを提供する彼らが、『今日の料理はおいしくない』と言える組織。お客さまが喜んでいるのかいないのかを、料理人と腹を割って議論できる組織。メニューを決めるのは料理人でも、『こうしたらいいのでは？』とスタッフが自由に提案できる組織。それがサービスの質をよくしていくだけでなく、スタッフのモチベーションの維持にもつながるのです」

料理人ではない松本のようなスタッフに、料理に関与する自由度があることが大事なのだ。

料理人とサービススタッフの思いは同じ

サービススタッフはゲストの要望にできるだけ応えたいと考える。一方で、料理人にもつくりたい料理や、料理を通じて伝えたい思いがある。ゲストの好き嫌いにどう対応するかは、悩ましい問題の一つである。

ゲストの要望をすべて聞いてしまえば、星のや京都として提供したい料理を出すことができない。料理長の久保田は、「私たちが料理に込めるこだわりを説明して、苦手な食材にも挑戦してもらえるようお客さまに働きかけてみてほしい」と松本に対応を頼んだ。

一方、松本には葛藤があった。「苦手だから食べたくない」と渋るゲストに、「ぜひ食べてみてください」とは勧めにくい。

かといって久保田の思いもよくわかる。星のや京都の料理は、厳選した旬の素材を使い、京料理の伝統を重んじながら新しさを追求する「五味自在」がコンセプトだ。

料理を通してゲストに体験してほしいこと、星のや京都として演出したい滞在体験がある。サービススタッフも料理人も思いは同じだった。

松本は試しに、久保田の言うとおりにアプローチしてみた。すると、「苦手だったけれども、食べられた」というゲストが意外に多かった。そこで松本は久保田にこう提案した。

「久保田さんからお客さまに話していただくほうが、受け入れてくださると思いますよ」

最近では、苦手な食材があるというゲストのもとに、料理長が進んで顔を出すようになった。

「カウンター席にご案内してくれれば、僕が対応するよ」

そう言って顧客対応を引き受けることもある。ミシュランの星付き料理長による直々の接客は、ゲストにとっては感動のサプライズだ。いつしか「食事だけでも」と星のや京都を利用する外来のリピート客が増えていった。

問題が起きればすぐに改善策を話し合い、実行に移すことができる。これもフラットな組織の利点だ。改善策がうまく機能したかどうかは、毎月集計する顧客満足度調査の結果ですぐに明らかになる。喜びの声がゲストから直接届くこともあるという。サービススタッフが料理に自由に関与でき、関わったことに対して成果がすぐに表れる。それが評価にもつながる。だからこそ、松本は今の仕事にやりがいを感じている。

みんなが関与することで生まれるチームの一体感も、仕事が楽しいと感じられる理由の一つだった。顧客対応をサービススタッフに任せ切りにせず、料理長も一緒に取り組もうとしてくれている。久保田の心意気が、松本はうれしかった。

久保田は気さくな人柄なので、サービススタッフが気軽に話しかけやすい存在だ。それでも以前は、料理長とサービススタッフやゲストの距離が今ほど近くはなかった、と松本は感じていた。

とくに料理長に就任したばかりのころは、「五味自在」というコンセプトに基づいて久保田自身がつくりたい料理と、実際にゲストが喜ぶ料理を近づけるのに苦心している様子だった。海外で高い評価を受けた久保田の料理は、味わいも見た目も枠にとらわれない斬新さが魅力だ。彼が創り出す〝尖った〟料理にはファンも多かったが、

「五味自在」がコンセプトの「星のや京都」の夕食（冬、八寸）

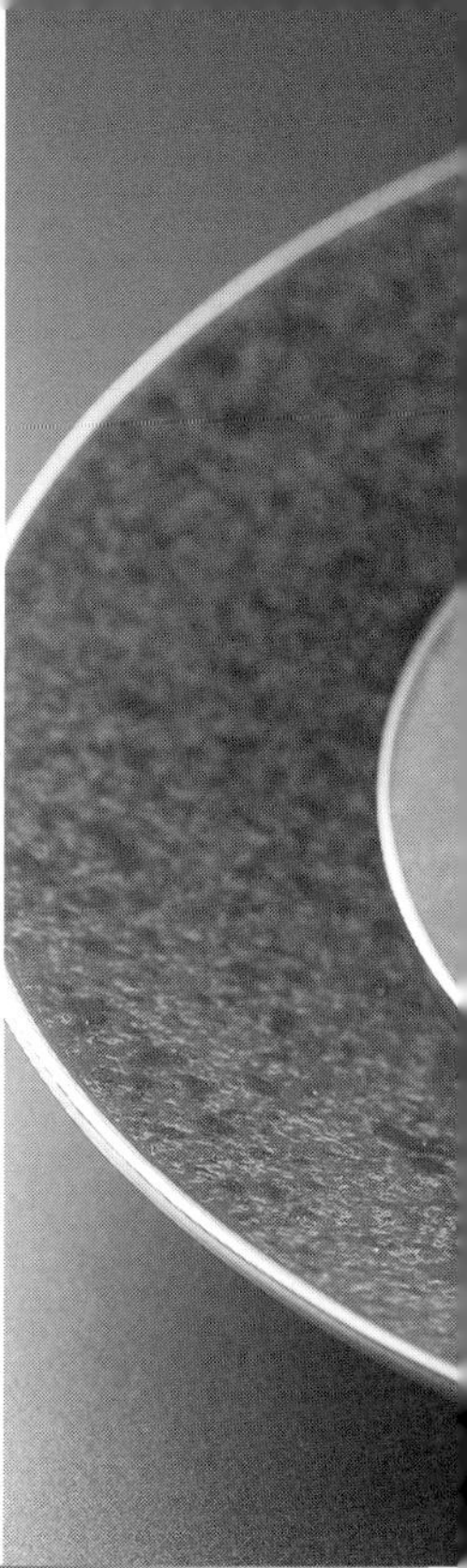

夕食（春、椀物）

一方で、旅館の料理としては尖りすぎていると受け取られることもあった。

「ホンマはな、こういうのをつくりたいんやけどな……」

松本は時折、久保田がこう漏らすのを聞いていた。しかし、年を追うごとに、そうした溝は埋められていった。

松本が変化を感じたのは、料理長自らがゲストの前に出るようになってからだ。松本の求めに応じて、久保田がテーブルの客と話す機会が増えた。ゲストの顔を思い浮かべながら、星のや京都の「五味自在」を表現していった結果、それが久保田のつくりたい料理とも重なってきたのではないか。松本はそんな風に見ていた。

「ゲストに喜んでほしい」という思いを共有したとき、サービススタッフと料理人が一つのチームになった気がした。

学んだことを仕事に活かせる環境

松本が最も興味があるのは、ワインや日本酒などの飲料の分野である。ソムリエの資格も取った。ダイニングの責任者としてサービススタッフを束ねるほか、料理に合わせた飲料の品ぞろえを考えるのも彼女の仕事だった。

京都近辺には、おいしい酒を造っているにもかかわらず、あまり知られていない酒蔵も多い。そういった酒蔵を見つけ、星のや京都で取り扱ったこともある。テレビや雑誌で見た話題の酒蔵に自ら足を運び、直接取引の交渉をすることも珍しくない。「日本のよいものをゲストに伝えたい」との思いで飲料の品ぞろえを考えてきた。

プライベートの時間には、地元の小料理屋に客として出掛けていく。どんな料理にどんな飲み物が合うのかを研究するためだ。

こうして培った知識や経験は、料理に合う酒をゲストに提案する際に大いに役立った。とくに日本料理を楽しみにやってくる海外からのゲストには、日本酒やワインもいろいろ試してもらいたいと、料理と酒のマリアージュ提案にも熱が入った。

フラットな組織では、現場で実現できることの自由度も高まる。学んだことをサービスの現場で試したり、反映したりできることも、仕事のおもしろさにつながっている。

家族のようなチームで働きたい

配置換えがあり、松本はいったんダイニングの担当を離れた。現在はフロントが彼女の持ち場だ。

いずれダイニングに戻って飲料選定に携わりたい、という気持ちは強い。飲料の品ぞろえを考えるのは彼女の好きな仕事だ。それだけでなく、ダイニングのチームも好きなのだ。家族のような仲間と働く。それが松本にとっては心地よい。

星野リゾートには、「顧客は友人、社員は家族」という価値観がある。

たとえば、顧客対応で判断に迷ったときは、上司に判断を仰ぐまでもなく、「相手が友人ならどうするか」と考えればおのずと正しい判断ができる。「私の友達だと思えば、ここまでやってあげるのがいい」と思えば、そうするのがいいという考え方だ。

同様に、社員は家族だと考えれば、相手が困っていたら手を差し伸べるだろう。家族が成長するためには、間違いや改善点は率直に指摘するのがいい。「顧客は友人、社員は家族」の価値観に基づき行動する習慣が、企業文化として定着している。

実際、ダイニングのチームには家族のような付き合いもあった。

夏になると、料理長の久保田は、娘のために捕まえたカブトムシを職場にも何匹か持ってきた。同じ年頃の松本の甥《おい》にもどうぞ、というわけだ。

一方、松本の実家の料理屋に鹿のジビエが届くと、「いつもカブトムシをもらっているお礼に」と、今度は松本が久保田におすそ分けする。仕事以外のやり取りを通して距離が縮まっていった部分も大きかった。

顧客サービスには答えがない。それがサービス業のおもしろさだともいえる。答えがないからこそ、相談しながら一緒に取り組んでいける仲間がいることが、松本には心強く感じられるのだ。

コラム

密着！ 立候補制度

やる気のある人に機会を与える仕組み

フラットな組織を掲げる星野リゾートでは、階層も限りなくフラットに近い。スタッフ、ユニットディレクター（UD）、総支配人の3階層のみである。そして、「06 私のやり方を貫く」で紹介したとおり、管理職に就くには立候補が基本であり、入社2年目の社員からベテラン社員まで誰でも立候補することができる。

やる気のある人にやってもらう。実にわかりやすく、合理的な制度だ。やる気はあっても経験が不足している場合、多くの企業では「ポジションに就くにはまだ早い」と判断しがちだが、星野リゾートでは「あえて任せることで、ポジションに育ててもらう」というスタンスをとる。代表の星野自身も「そもそも人の能力は未知数であり、上司の立場から一方的に、しかも未来のポテンシャルを現状から正しく把握するのは難しい」と考えている。

そうはいっても、組織運営を任せる管理職を本人のやる気だけで決めてしまっていいのか、との疑問も残る。星野リゾートの立候補制度が機能している理由を探るため、密着取材を敢行した。

社員がリーダーを選ぶ「立候補プレゼン」

２０１７年９月某日。星野リゾートの東京オフィスと全国各地の施設をテレビ会議でつなぎ、ＵＤや総支配人への立候補者が組織運営の目標や戦略を全社員に向けて発表する「立候補プレゼン」が行なわれた。

立候補者は、自分が所属する施設や部門のみならず、希望する全国のどの施設や部門に手を挙げても構わない。社員は発表を自由に見ることができ、また後日、録画映像でも内容を確認することができる。社員アンケートによる評価や日頃の仕事ぶりなどを踏まえ、ポジションへの起用の可否が決定するという流れだ。

テレビ会議でつながれた各会議室には、立候補者のほか、立候補先の施設や関連部門のスタッフが仕事の合間をぬって集まっていた。立候補者に与えられる時間は、質疑応答を含めて1人25分。和やかな雰囲気のなか、忌憚ない意見が飛び交い、プレゼンテーションは粛々と進められていった。

筆者が見学したのは、温泉旅館ブランド「界」のうち、ある施設の総支配人への立候補プレゼンである。

立候補者はそれぞれ別の施設に勤めるAさんと、Bさんの2人。それぞれの視点と現状分析によって施設の課題を洗い出し、目標や戦略を述べていった。顧客満足度（CS）や稼働率、営業利益（GOP）、平均客室単価（ADR）、人件費率などの指標をもとに組み立てられたプレゼンは、準備に相当の時間と労力がつぎ込まれたであろうことが想像できた。

プレゼンする側が真剣なら、プレゼンを評価する側も真っ向勝負だ。立候補先の施設の現総支配人や、そこで働くスタッフ、その施設のマーケティン

グ担当者などが、

「この人に自分たちの施設の総支配人を任せられるのか」

「この人と一緒に働きたいか」

という視点でプレゼンを評価するのだ。質疑応答では、戦略や課題解決策のより具体的な説明を求めたり、総支配人としてのスタンスを問う質問が飛んだほか、現総支配人からは現状認識の甘さを指摘される場面もあった。

この日、一番の興奮と緊張に包まれたのは、星野リゾートの組織文化の本質に関わるこんなやり取りが行なわれたときだ。

Bさんは、施設の生産性が低い要因の一つにスタッフの定着率の低さを挙げ、定着率改善の具体策をいくつか提示した後で、「総支配人として、スタッフに仕事のおもしろさを体験させてあげたい」と述べてプレゼンを締めくくった。

この最後の発言について、グループ人事のUDが質問した。

「Bさんのプレゼンには、『〜してあげたい』という言葉が7回出てきましたが、この言葉の選択の裏にある心理は何ですか。『〜してあげたい』というのは、フラットな組織の考え方とは矛盾すると思うのですが」

　Bさんは、少し考えてから、こう答えた。

「私自身、たくさんの先輩に面倒を見てもらい、仕事を教えてもらいました。今度は自分がその恩返しをしたい、という気持ちです」

「フラットな組織の前提は『パートナーシップ』ですが、Bさんにとって『パートナーシップ』の定義は何ですか」

　また少しの間があった。

「経験の差によって情報量の多い人と少ない人がいると思いますが、情報量の多い人から少ない人へ提案して恩返しすることが、私にとってのパートナーシップです」

「それはワン・ウエイではないでしょうか。情報量の差を優劣と捉えると、フラットな組織は成り立ちません。そこのところをぜひ考えてみてください」

経験しなければ身につかないことがある

立候補プレゼンは、毎年春と秋の2回行なわれる。2017年は年間で77人が立候補し、そのうち20人が何らかのポジションを獲得した。

AさんとBさんはどうだったのか。

立候補先の施設の総支配人にはAさんが就き、Bさんは配属された経験のある別の施設の総支配人を務めることになった。

Bさんを総支配人に起用した理由を、グループ人事のUDは次のように説明した。

「リーダーに必要なのは、責任を取る覚悟と、組織運営のための戦略立案能力です。プレゼンの場で指摘したとおり、Bさんには『星野リゾートのリーダー』のスタンスについての理解が不足していましたが、総支配人への意欲や気合は十分に伝わってきました。戦略の部分も、評価が低いわけでもなかった。だったら任せてみよう、という判断です」

今のBさんに足りないのは、リーダーとしての責任の持ち方であり、スタッフとの接し方であることを見抜いていた。

「これらの能力やスキルは、スタッフとして仕事をしている限り身につきません。実際に組織を運営してみなければわからないことはたくさんあります。もちろん、Bさんに任せるからには、会社としても全力でサポートする覚悟は必要です。本人がまったく知らない施設よりも、よく知る施設を任せたほうがリスクも少ないだろう、という点も考慮して結論を出しました」

初めからマネジメントを完璧にこなせる人はいない。誰もが初心者からのスタートだ。

立候補制度は、その人の長所や短所を認めたうえで、社員が自分たちのリーダーに選ぶ仕組みでもある。選んだ以上は、チームはリーダーの短所を補い支えていくしかない。メンバーが協力してリーダーをもり立てていくための仕掛けとしても機能している。

愚痴の極端に少ない会社

他人の愚痴を言うくらいなら、自分でやる。自分のほうがもっとうまくやれると思うなら、その人がやればいい。そのための場を提供するのが立候補制度である――。グループ人事のUDは立候補制度をこのように表現した。

このUDは、大手企業で人事部長を務めた後、星野リゾートに移ってきた転職組だ。彼女から見て、「星野リゾートは愚痴の少ない会社」に映るという。それは、先述したとおり、立候補制度がガス抜きの役割を果たしているからだという見方もできる。

「上司の指示でポジションに就いても、うまくいかなければ『やれと言われたからやっただけ』と言い訳ができます。上司の意向でポジションを外された人は、上を見て仕事をするようになるでしょう。一方、立候補してポジションに就いた場合、自分の職務によりコミットするようになり、何か問題が起きたとしても、自分事として本気の議論ができます。

また、立候補制度は、立候補しない人へのメッセージも含んでいます。『立候補しないのなら、UDや総支配人をサポートするのがあなたのやるべきことだ』と。こう考えると、立候補制度は、組織が健全な議論と競争力を維持していくための重要な仕組みだと思います」と語る。

本人のやる気を重視した起用が、個人と会社の双方にメリットになることは頭では理解できる。それでも、やる気はあっても経験が足りない社員を起用することに、多くの企業は躊躇《ちゅうちょ》するのではないか。そんな疑問を投げかけると、

「事業全体が成長しているからできることかもしれません」

会社にポジションはあるが、実力や経験を基準に判断するとポジションを担える人が少ない。そのような環境では、意欲ある人が手を挙げ、意欲のある人にチャンスを与える制度は理に適っていると言える。

あえて任せることで、実際に新たなリーダーも生まれている（第2章06参照）。また、誰かがポジションに就けば、誰かが外れることになるが、いったん外れてもふたたび挑戦できるので、それでキャリアが終わるわけでもな

い。立候補制度によってマネジメント層に流動性が生まれ、組織の活性化にもつながっているのである。

プレゼンをきっかけに本気で総支配人を目指す

たとえポジションに起用されなくても、立候補プレゼンに挑戦すること自体、大きな学びの機会になっているようだ。

立候補するには、立候補先の施設の現状をリサーチ・分析し、課題を抽出し、それに対する戦略・戦術などを自分なりに導き出し、プレゼンしなければならない。そのためには幅広い視点で会社や施設のことを俯瞰《ふかん》して見る必要があるだけでなく、戦略や戦術を立案するスキルやプレゼンテーションのスキルも求められる。実際に、立候補プレゼンに備えた社内ビジネススクール（麓村塾《ろくそんじゅく》）もあり、活用する社員も多い。

立候補プレゼンに初挑戦した中途採用の社員は、「プレゼンまでの1カ月間、会社のことしか考えなかった。これほど会社のことを考えさせるなんて、恐ろしい仕組みですね」と感心したという。

立候補プレゼンを経験したことで、マネジメントへの意欲に火がついた社員もいる。

今回、初めて総支配人へ立候補した女性は、グループ人事のUDにこんなメールを送ってきた。彼女はもともと、マネジメントよりもサービスへの興味が強かったが、周囲の勧めで立候補した。

「立候補プレゼンに臨んでみて、自分の視野がいかに狭かったのかを実感しました。これからは総支配人を本気で目指してみようと思います。3回目のチャレンジで総支配人になれるようにがんばります」

立候補プレゼンは、マネジメントを目指す人にとって、自分の実力を試したり、自分のことを客観視したりする場にもなっている。目標に向かってスキルアップしたい人には、麓村塾という学びの場もある。これらがうまく連動し、社員の成長意欲を高めている。

「発散と充電」で、自分のキャリアを組み立てる

誰でも立候補できるということは、いつでも挑戦できるということだ。つまり、自分のライフステージに合わせてキャリアを組み立てていけるということでもある。

2018年春に東京・大塚に星野リゾートの新ブランドとして誕生する都市観光ホテル「OMO（おも）」の総支配人に立候補したのは、3人の子どもを持つ女性社員である。子どもを産む前まではUDとして活躍していたが、育児中の10年間はマネジメントから離れていた。

「これまでに産休を3度取りました。そろそろ仕事に専念できる環境になってきたので、総支配人に立候補します」

彼女が立候補プレゼンで自己紹介したとき、「おかえりなさい」とでも言うような、温かな空気が会議室一杯に広がっていったのが印象的だった。

「星野リゾート　OMO5 東京大塚」の総支配人は彼女に決まった。

マネジメントに再挑戦する社員がいる一方で、マネジメントから降りる社員もいる。総支配人を務めたベテラン社員が、「現場感覚を取り戻すために、もう一度お客さまの近くで働きたい」とスタッフの立場を選択するケースも珍しくないという。いつでも復活チャレンジができる環境だからこそ、外れる選択も気軽にできるというわけだ。

星野リゾートでは、ポジションに就くことを「出世」ではなく「発散」、ポジションから外れることを「降格」ではなく「充電」と呼ぶ。挑戦したくなったら「発散」し、うまくいかなかったときや働くペースを調整したいときは、次に備えるために「充電」する。「発散」と「充電」の考え方が浸透しているのも、社員が立候補制度をうまく活用し、自分のライフスタイルに合わせて楽しく働き続けられる理由の一つだろう。

第3章

職場を飛び出す社員たち

「星のやバリ」エントランス（「10 バリに日本旅館をつくる」）

08 島人《しまんちゅ》とリゾートの架け橋になる

竹富島《たけとみじま》は、沖縄県の石垣島から高速フェリーで10分の場所にある南国の島。周囲が10キロに満たない小さな島には、琉球の伝統文化が今なお色濃く残る。

２０１２年、星野リゾートは、ある使命感を抱いて、この島に「星のや竹富島」を開業した。観光産業が島の経済をほぼ独占している竹富島において、星のや竹富島の開業は、地域経済のみならず、島民の生活にも大きな影響を及ぼすことになる。観光が竹富島の経済にどう貢献できるか。これに挑むのが星野リゾートの使命であった。

開業当初、島の人たちは、星野リゾートから送られてきた大勢のスタッフのことを、諸手《もろて》を挙げて歓迎したわけではなかった。島の活性化に共に取り組むことを約束した星野リゾートを信じて、開業には賛成したものの、やってきたばかりのスタッフに対しては警戒心を残したままだった。

そこで、島民との溝を埋めるべく、一人のスタッフが動いた。彼はオフの時間を使って集落に出かけて行き、草むしりの手伝いを始めたのである。

それから2年――。

島民との交流は、種子取祭《たねとりさい》という島独自の文化に触れることのできる、星のや竹富島オリジナルのサービスとして実を結んだ。

地域文化と融合したサービスが、星野リゾートの競争力の源泉だ。競争力を発揮するには、地域の人たちと共に地域の魅力を掘り起こし、それらを発信していくことが欠かせない。さらに、地域にも還元される仕組みに落とし込むセンスも求められる。

これから紹介するのは、地域とリゾートの共存共栄を模索すべく、島民の懐《ふところ》に飛び込んでいったスタッフの奮闘の記録である。

埋まらない島民との距離

星のや竹富島でサービススタッフとして働く田川は、開業とほぼ同時にこの地にやってきた。

初めて島に足を踏み入れたとき、「あれ？」と思った。島の人に挨拶をすると、返事はしてくれるものの、どこかよそよそしい。島民たちは明らかに身構えていた。

星のや竹富島は無事に開業を迎えたが、それまでの道のりが決して平坦ではなかったことは、田川も聞いていた。自分たちは、まだこの島に受け入れられていないのではないだろうか。彼は、自分たちが試されているのを感じた。

竹富島でのリゾート開発は、現地から要請を受けて始まった。しかし、開業には島民投票で大多数の賛成を必要とする島独自の決まりがあり、開業準備は難航した。島民への説得のため、星野自ら何度も島へ足を運んだ。

星野が島民に一貫して主張したのは、「竹富島は、観光が経済に何ができるかを試す場である」ということだ。島の経済は観光に頼っていたが、観光客の多くは隣の石垣島に宿泊し、竹富島には日帰りで訪れる客が大半だった。島の経済を潤すには、日帰り観光ではなく宿泊を増やし、島にお金を落としてもらう必要があった。

「宿泊客を増やすために、島の自然や文化などを『島の魅力』として発信していく。それをリゾート施設のサービスとしてだけでなく、島全体で取り組んでいかなければなりません」

星野は粘り強くこう繰り返した。島民からさまざまな意見や要望が出ても、星野リゾートが考える最適なプランだと主張して、これだけは譲らなかった。

島民の説得には3年を要したが、それは島の人たちが納得するために必要な時間であり、結果として、圧倒的な賛成を得ることができた。


そのようなわけで、星のや竹富島開業準備メンバーはすでに島の人たちと気心が知れた仲だった。だからといって、着任してきたばかりのスタッフまで信頼されているわけではなかった。

島の人たちは見定めようとしている、と田川は思った。星のや竹富島が地域と共存していくつもりなのか、この島に本気で根づこうとしているのか。

竹富島には、島民が大切に守ってきた独自の文化や伝統が息づいていて、星のや竹富島も、それらを随所に取り入れた施設の佇《たたず》まいとサービスで宿泊客をもてなしていた。

しかし、田川はまだまだ足りない気がしていた。島の魅力はもっと深掘りできる。自分たちが島の魅力を十分に伝えていくことが、星のや竹富島の競争力にもつながるはずだった。

ところが、期待に反して、島の人たちは、島に受け継がれる文化や伝統を表に出したがらなかった。全国的に見れば、その土地に根差した文化や伝統を観光振興に活用しようとする地域が多いのに比べると、竹富島は明らかに特異な存在だった。

島の人たちが何を大切にし、何を望んでいるのか。それに対して、星のや竹富島はどう関わるべきか。

それを探るためにも、島の人たちの暮らしに自分から入っていこう。田川はそう心に決めた。

草むしりに汗をかき、島の運動会で走る

島では年間で約20もの祭事が行なわれている。祭りの準備や運営には力仕事も多い。

しかし、島に3つある集落のうちの一つでは、50人の村人に対して、青年会に所属する若者はたったの3人。圧倒的に若者が少なかった。

これは何か手伝えることがありそうだ。田川は仕事の合間をぬって、集落を訪ねるようになった。

祭りの会場の草むしりや準備など、島民から頼まれれば何でも手伝った。青年会の若者たちと一緒に踊りを踊ったり、島の運動会に参加したりしたこともある。

島の人たちとの交流は、楽しみの一つだった。幼少期から親の仕事の関係などで、中国や台湾をはじめ海外生活が長く、その土地の歴史や文化に触れることが好きだった。

「竹富島や皆さんのことを教えてください」

そう言って飛び込んできた田川を、人生経験の豊富な島の人たちは温かく受け止めてくれた。

島には、島ならではの〝島時間〟が流れていた。

「島時間と聞くと、ゆったりしていると思うかもしれませんが」と言った後、田川は意外な言葉を口にした。「島の人たちは何かと忙しいんです」。実際、島では祭事や公民館の寄り合いなどが多く、島の人たちは仕事が終わってからも忙しそうだった。

あるとき、田川は、仕事の慌ただしさからイライラが募り、口調がついとげとげしくなっていることに気がついた。一方、島の人たちを見ると、いくら忙しそうでも、いつも笑顔だ。「なんくるないさー」がお決まりの言葉だった。

言葉の意味を島のおじいにたずねてみると、「自分がやるべきことをやった後に、『なんくるないさー』がやってくるよ」と教えてくれた。そうか、全力を尽くした後だからこそ「なんくるないさー」という気持ちになれるのか。

島の人たちが忙しくても心穏やかにいられるのは、こうした心のゆとり、心構えがあるからだと知り、自分に必要なのはこれだと思った。島の人たちと過ごす時間は、田川にとって、人間本来のあり方について気づきを与えてくれる貴重な時間でもあった。

　いつしか、星野リゾートのスタッフとしてよりも、島に魅せられた一人として島の人たちと付き合うようになっていた。

島の魂「種子取祭」

　島の人たちは、なぜ年間で約20もの祭りを執り行ない、祭事中心の生活を送っているのか。島民と交流を深めていくうち、田川にも次第にわかるようになってきた。

　竹富島には山もなく、川もなく、島自体がやせた土地である。資源と言えるものにも恵まれていない。また、一年の大半を石垣島や西表島《いりおもてじま》への出稼ぎのため不在にする男たちに代わり、女たちが島を守らなければならなかった。そうした背景から、五《ご》穀豊穣《こくほうじょう》や家族の安寧《あんねい》や健康を祈願する信仰や祭事を、島民はとても大切にしてきたのだった。

　数ある祭事のなかで、田川は種子取祭に注目した。種子取祭は、約600年の歴史がある国の重要無形民俗文化財で、島最大の祭事である。祭りのハイライトである奉納芸能では、2日間で約70の舞踊や狂言などが披露され、島は多くの観光客や帰省した元島民でにぎわう。

田川は、島の魂ともいえる種子取祭を、島を訪れる人たちに見てもらえないだろうかと考えた。島民が大切に守り継いできた祭りを体験することで、島の文化や伝統を肌で感じることができるに違いない。

そのためには、島民の協力を得られるよう、彼らを説得しなければならなかった。島民にとって、祭事はあくまでも信仰を守るための神事である。彼らの信仰心を尊重しながら、島の文化や伝統を島民たちの望む形で伝えていく方法を考える必要があった。

共存共栄の道を模索する

種子取祭の準備をするのは、座待《ざーたい》と呼ばれる島の男衆だ。田川が竹富島にやってきた年の10月、彼自身も座待に交じって、奉納芸能の舞台設営を手伝ったり、受付を担当したり、祭事で使われる奉納物を整えたりした。

そして2年目に入ると、種子取祭にまつわる施設独自の企画実現に向けて、島の人たちとの交渉に動き出した。

彼には、島の人たちに目を向けてほしいことがあった。星のや竹富島が開業してから、島の暮らしが少しずつよくなっていることだ。

開業前、自分たちの生活が劇的に変わってしまうことを島の人たちは恐れていた。民宿の客が奪われたり、レストランに人が来なくなったりするのではと不安を抱いていた。

ところが、蓋を開けてみれば、心配は杞憂だった。民宿の利用客とリゾートの利用客には明らかなニーズの違いがあり、競合しないことがわかったからだ。むしろ、星のや竹富島の宿泊客が民宿のレストランを利用するなど、地元への還元効果も表れている。

リゾートと地域は共存共栄できる。これを実感してもらうことが、交渉の第一段階だった。

もう一つ、島の人たちに理解してほしかったのは、島の文化は現代の日本人に多くの気づきをもたらす存在であることだ。彼自身、島に流れる島時間に触れて考え方が変わった。竹富島へバカンスに訪れる旅行客にとっても、日本の古き伝統文化に気づき、自分自身を見つめ直すきっかけになるだろう。

「この島の文化は、私たちが大切にすべき日本の精神です。この島を訪れる人にも、ぜひ種子取祭の踊りを見ていただきたい。力を貸してください」

田川が協力を求めると、「そういうことなら、一緒に取り組んでもいいかもしれないな」と島民の気持ちが傾いていった。

ただ、信仰としての祭りと、観光としての要素を両立させるには、さらなる調整が必要だった。種子取祭の奉納芸能は、文字どおり神様への奉納が目的である。厳粛な神事にふさわしい鑑賞のルールやタイミング、鑑賞人数などを細かく調整していった。

難航しそうになると、「観光客に見てもらうことで、伝統文化を残していくこともできると思いますよ」と互いにメリットを得られる道を探っていった。

田川が集落に出かけるようになって3度目の秋。

種子取祭にまつわる星のや竹富島オリジナル企画がスタートした。奉納芸能を鑑賞するツアーのほか、祭りの約1カ月前からは、本番前の踊りの練習風景を見学するツ

島民と種子取祭の準備をする「星のや竹富島」の田川

アーも実施した。

練習風景見学ツアーは、夜の集落へ出かけ、島の小学生の女の子が踊りや太鼓、笛、方言を学ぶのを見学するというものだ。観光客が普段、こうした練習風景を見ることはない。田川と島民の交流があったからこそ、実現した企画だった。

島民との交流体験を、サービスに落とし込む

島に来たばかりのころは、島の人に挨拶しても目も合わせてもらえなかったが、このころになると「うちに遊びにきてよ」と誘われることも増えた。

ある日、島のおじいに呼ばれて家に行くと、もずくを3キロ手渡された。

「これで1年分。塩抜きしてあるから、このまま冷凍して保存すればいい」とおじいは言った。竹富島のもずくは、珊瑚《さんご》の海で育っただけあって、コシと弾力があっておいしい。田川の好物だった。

当時ちまたでは、もずくが美容に効くと評判が高まっていた。これは何かに使えそうだ、と思った。

星のや竹富島に戻ると、もずくを使ったプログラムを企画できないか、と女性スタッフに相談した。女性スタッフは、「もずく」「美容」と聞いて、とても乗り気だった。そうして実現したのが、天然もずくの収穫体験やもずくブランチを含む女性向けプログラム「もずくキレイ滞在」である。

また別の日には、島のおばあの家に呼ばれた。おばあとのおしゃべりが2時間以上も続き、そろそろ帰ろうか、と田川が腰を浮かしかけたとき、おばあが自家製のハイビスカスティーを出してくれた。透き通る鮮やかな紅色に、たちまち目を奪われた。聞けば、もとはこの色ではなかったという。真っ赤なハイビスカスの花びらにお湯を注ぐと、お湯が濃い赤紫に染まり、色素が抜けた花びらは真っ白に変わる。花びらを取り出した後の液体にシークヮーサーの果汁を搾り込むと、今度は鮮やかな赤に変貌するというのだ。

これを星のや竹富島でも出してみよう。田川はとっさに思いついた。このハイビスカスティーがつくられるプロセスも一緒に紹介すれば、星のや竹富島オリジナルのサ

「もずくキレイ滞在」で提供されるもずくのエキスを含んだアメニティ

ービスになりそうだと思った。

このようにして、島民と触れ合うなかでの気づきや、島民から学んだことをもとに、竹富島でしか体験できない数々のサービスを生み出していった。

「好き」だけが理由ではない

田川はなぜ、竹富島ならではのサービスを次々と開発できたのだろうか。

星野リゾート代表の星野は、「島民との交流から得た体験を、竹富島の魅力としてサービスに落とし込むセンスがある」と指摘する。こうした観光センスは、田川の強みである。

もう一つ、星野が挙げたのは「使命感」だった。

人と交わることが好きだという田川にとって、それ自体が集落へ向かわせるモチベーションになったと言えるだろう。しかし、「好きという気持ちだけで、オフの時間を使ってまで、草むしりの手伝いをしたわけではないと思います」と星野は言う。

「私は『竹富島は、観光が経済に何ができるかを試す場だ』と言い続けてきました。

その先に目指すのは、日本という島を観光立国にしていくことです。つまり、我々が竹富島で試していることを、もっと大きなスケールで、日本という島で取り組んでいこうとしています。田川さんはこの考えに共感し、そのミッションのために、最適な活動を自分なりに選んで取り組んでいるのだと思います」

竹富島では、島の運動会の季節になると、「リレーに出る人が足りない」という問題が必ず起きる。

最近は、頼もしい助っ人が現れたおかげで、島の人たちの表情も明るい。

「今年はどうする？」

「田川さんが出たらいいんじゃない？」

誰かが当然のように田川の名前を出すと、「ああ、それでいいよ」と答える人がいる。

そして翌日には、島中にアナウンスが流れるのである。「部落対抗リレーには〇〇さん、〇〇さん、……そして田川さんが出場します」

承諾した覚えはないんだけどなあ。田川はそう思いながら、今年も走ることになりそうだと、カレンダーに印をつけた。

09

自分が輝ける場所を探して

地域の魅力を発信することで、サービスの競争力に磨きをかけてきた星野リゾート。全国の温泉旅館ブランド「界」で展開する「ご当地部屋」も、顧客を惹きつけるコンテンツの一つ。地域で活躍する伝統工芸作家らとのコラボレーションが特徴だ。

静岡県熱海市の「星野リゾート　界 熱海」のご当地部屋は、「梅」をモチーフにした「あたみ梅の間」。梅の名所である熱海にちなみ、梅のお香や調度品が楽しめるほか、障子には静岡の伝統工芸である駿河《するが》竹千筋細工《たけせんすじざいく》を用いて梅の花がデザインされている。梅の可憐さと伝統工芸美を堪能できる、顧客にも評判の部屋だ。

この部屋をプロデュースしたのが、この旅館でサービススタッフとして働く田《た》井《い》である。「デザインすることが好き」という彼女自身が障子の意匠《いしょう》を描き、駿河竹千筋細工の職人と協同で作り上げた。「興味のあることはとことん突き詰めるタイプ」と自身が話すように、彼女の情熱とこだわりの強さが、職人の技を引き出し、完成度の高い作品に仕上げたといえる。

一方で、そのこだわりの強さゆえに、過去には周りと衝突することも多かった。新入社員のころから田井を見守り続けてきた星野佳路は、「理想と現実のギャップに悩んで辞めていく新入社員が少なからずいますが、田井さんも辞めてしまうのではないかと心配していた」と当時を振り返る。

そんな彼女が、自分の個性や能力を存分に発揮できるぴったりの場所を見つけた。それが、界 熱海でのご当地部屋プロジェクトだったのだ。田井はどのようにして自分を活かす場所を手に入れていったのだろうか。

「プロジェクトの担当をやってみませんか」

田井が界 熱海に異動してきたのは、「あたみ梅の間」のプロジェクトが動き始めた2015年の秋。着任早々、「プロジェクトの担当をやってみませんか」と総支配人に声をかけられた。

子どものころから美術やデザイン、インテリアが好きだった。宿泊業である星野リゾートに興味を持ったのは、「旅館は、日本の伝統や文化を衣食住で総合演出できる場所。滞在したお客さまが癒され、元気になって日常に帰っていくお手伝いができる、デザインの本質のような仕事だと思った」からだ。また、提供したモノやコトに対する顧客のリアクションを間近で見ることができ、自身でサービスを改善していけることにも魅力を感じた。

ものづくりが好きな田井にとって、ご当地部屋プロジェクトは願ってもないチャレンジだった。「熱海や日本の美しさに、五感で気づいていただけるような部屋をつくりたい」との思いから、担当を引き受けた。

どんな部屋にするのか。田井は、地域の伝統工芸である駿河竹千筋細工とのコラボレーションをメインに据えたいと考えていた。地域のさまざまな伝統工芸の職人や店をまわって模索するうち、「この人と一緒に仕事がしたい」と思える職人と出会うことができた。その職人に、梅をモチーフにしたオリジナル飾り障子の作成を依頼したのだ。

駿河竹千筋細工のことは、プロジェクトをきっかけに知ったが、一目見て、心に響くものがあったという。田井は、「繊細な竹細工が醸し出す艶っぽさは、伝統旅館『蓬萊《ほうらい》』を引き継ぐ界 熱海の純和風な質感にマッチすると思った」と駿河竹千筋細工に初めて触れたときの印象を語る。

飾り障子の作成に必要なデザイン画は、田井が自ら描き、駿河竹千筋細工の技術や魅力を余すところなく伝えられるよう工夫を凝らした。

互いの強みと能力を認め合う

職人とのやり取りで、田井が心を砕いたことがある。職人の意向を最大限に尊重しつつ、「あたみ梅の間」に相応《ふさわ》しい完成度を実現することだ。

職人との初めての顔合わせのとき、彼は仕事の進め方についてこんな話をしていた。

「実際にどうつくるかを考えずに、無理難題を投げっぱなしにする人は好きじゃない」

オーダーする側の希望があるのは当然だが、一方で作り手にも意向がある。実現可能性を無視した一方的なオーダーでは、いいものはつくれない。そういう意味だと田井は受け止めた。

だから、デザイン画を描く際にも、事前に職人から教えてもらった「千筋細工でできること、できないこと」の折り合いを考え、「どのくらいまでサイズを小さくできるのか」「どのような形でひねられるか」を具体的にイメージしながら、緻密に練り上げていった。

完成したデザイン画を見せると、職人は、

「これ、よほど考えて描いてくれたんだね」

とねぎらいの言葉をかけてくれた。

田井のデザインは、職人にとっても新たな挑戦だった。竹は、外側は硬く、内側は柔らかいので、柔らかな内側にしか曲がらない。その竹で、梅の5枚の花弁を一筆書きに似せて描こうというのだ。

一方向にしか曲がらない制約をどう克服するのか。互いに試行錯誤しながらのやり取りは深夜にまで及んだ。

「こんな風にやってみたよ！」

と職人からLINEで試作写真が送られてくると、

「早速ありがとうございます！　ここ難しいですよね。自分もリボンで試して痛感しました。Aは無理だと思いますが、たとえばBのようにはできますか？」

と田井が要望を伝え、手描きの絵や梅の写真を送る。

すると、

「たしかにBならできるから、やってみるよ」

と前向きな返事が返ってくる。

ひねり込みの技法で作成された「梅の花」

相手と同じ目線で考えるからこそ、田井は目指す完成度に妥協を許さなかった。彼女がイメージする完成度に達するまで何度もやり取りを重ね、職人はついに「ひねりこみ」と呼ぶ新しい技法を編み出した。こうして、職人自身これまで挑戦したことのない難易度の高い作品を完成させたのである。

成功の要因をたずねると、田井は、

「職人さんが新しい挑戦にも柔軟に、技術と人柄で応えてくれたことに尽きます」

と職人との出会いに感謝の言葉を口にした。そして、

「それぞれにやりたいことや強みがあって、互いの能力を認め合っていると、相手の専門領域を勉強していなくても、意思の疎通が早いんです。互いの歯車がかみ合って成果に結びついたときの快感は、病みつきになりますね」と笑顔を見せた。

職人の技術とプロ意識に絶対的な信頼を置き、彼女自身は実現のための道筋を考え抜く。伝統工芸に関しては素人の彼女が、職人を未知の挑戦に動かしたのである。

自分が変わらなければ、周りも変わらない

饒舌《じょうぜつ》に話すタイプではないが、芯が強い。入社当時から田井の印象は変わらないが、「当時は施設の問題に対して『なんとかしなきゃ』という責任感だけが空回りし、悩んでいる様子だった」と星野は振り返る。

田井は最初、石川県加賀市にある白銀屋《しろがねや》に配属された。現在は「界 加賀」として運営されているが、もともとは星野リゾートが再生を委託された施設である。

既存施設の再生にあたっては、星野リゾートの社員が合流し、星野リゾートのサービスの考え方や企業文化を移植していく。田井は入社早々、古参のスタッフが大半を占める白銀屋に星野リゾートの社員の一人として配属されたのである。

「新卒でいきなり既存施設に送り込まれた心細さもあったと思います」と星野は田井の心中を推し量る。田井も当時のことをこのように話す。

「2～3カ月経過するころ、先輩社員が相次いで他施設へ異動し、1年目の夏から、中途採用のスタッフのトレーニングを私が担当することになりました。異なる価値観の人たちに、旅館の作法と星野リゾートのやり方を伝えていくのですが、自分では伝わると思っていたことがまったく伝わらず、入口でつまずきました」

あるとき、田井は星野が講師を務める社内研修に参加した。星野は、田井の冴《さ》えない表情が気になっていた。

話を聞いてみると、施設の魅力が弱い、顧客満足度が低いなど、問題がなかなか改善されないことに不満を抱いているようだった。

彼女の責任感の強さや高い問題意識は伝わってきた。しかし、社会人になったばかりの多くの人がそうかもしれないが、そのときの田井は、すべての問題を自分事として考えず、「周りが協力してくれないから」「環境が悪い」と周りに責任転嫁しているように星野には思えた。

「田井さんが変われば白銀屋は変わるよ」と星野は声をかけた。

自分が変わらなければ、周りも変わらない。覚悟を持って課題に向き合ってほしい

——これが星野のメッセージだった。

田井にも星野の指摘は理解できた。だが、どうすればいいのかわからない。途方に暮れるしかなかった。

立候補プレゼンに挑戦する

北陸では冬、カニがおいしい季節を迎える。繁忙期になると、白銀屋には他の施設から先輩社員が応援に駆けつけた。

先輩社員と一緒に働くことは、田井にとって刺激になった。彼らを見ていると、さまざまな施設を経験してきた人ほど、感情やこだわりに固執することなく、ニュートラルに物事を判断したり、淡々と物事を変えていったりしていた。こういう人たちと一緒に仕事ができれば、仕事がスムーズに進みそうだ、と田井は思った。

ふと、別の施設に異動して新しい環境で働いてみたいと思った。人事に相談すると、「立候補プレゼンに出てみては？」とアドバイスを受けた。星野リゾートでは、2年目の社員でも、やる気さえあればユニットディレクター（UD）や総支配人に立候補できる。環境に不満があるなら、自分がリーダーになって問題解決に臨むことができる。そのための場を提供するのが立候補制度である。

そこで、田井はまた考えた。自施設の総支配人に立候補するより、ニュートラルな視点や考え方を促進できるようなユニットがあったらいいのではないか。

先輩社員と一緒に仕事をしながら、各施設が独自に編み出した顧客満足度獲得のためのノウハウやテクニックが、グループ全体で共有されていないことに田井は気づいていた。もし、こうした知恵や工夫をグループ全体で共有する仕組みがあれば、他の施設の取り組みをもっと知ることができて、広い視野で仕事ができるようになるのではないか。それに、グループ全体の競争力も高められるはずだ。

田井はグループ内のノウハウ共有を促進するための新規部門の立ち上げを提案し、そのUDに立候補することにした。


UDになるには、スタッフとして働くよりも、高度なコミュニケーションスキルやマネジメントスキルを身につける必要がある。しかし、新人の田井は、立候補するのに必要なスキルの多くを欠いていた。

その不足を補うために、星野リゾートには学びたい人が自由に受講できる社内ビジネススクール（麓村塾）がある。田井は立候補プレゼンまでの数カ月のうちに、ロジカルシンキングからコミュニケーションスキルまで、受講可能なビジネス講座をすべて受けた。その数は10以上。麓村塾の受講は休みの日を利用するルールのため、休日返上で知識やスキルの習得に努めた。

初めて挑戦した立候補プレゼンは、結果だけを見れば散々だった。けれども、立候補プレゼンよりも、むしろ立候補をきっかけに麓村塾で学び、ビジネススキルを取得できたことが田井には収穫だった。

「それぞれの分野のプロフェッショナルから、ビジネスの基礎や考え方を学ぶことができました。それが今、自分で企画を考えたり、実施プロセスに落とし込んだりするときの指標になっています」と田井は話す。

働く環境は自分で選ぶことができる

白銀屋で田井が直面する問題は、いまだ解決の糸口を見つけられないままだった。3～4年は同じ施設で腰を据えて働くつもりだったが、状況を改善できないことに次第に息苦しさが募っていく。

いっそのこと、環境を変えてみようか――。

田井は、年に一度の異動希望調査で、異動の意思を伝えた。

付き合う相手や環境は自分で選ぶことができる。そう気づいたのは中学生のころだ。四国で生まれ、香川県で育った田井は、中学生のときに静岡県浜松市に引っ越した。すると、これまでの小さな町で限られた人との生活でつくられていた自分の世界が、一気に広がった。まさにカルチャーショックだった。

その後、高校受験や大学受験、就職活動など進路を決める節目では、自分の好きなことややりたいことに打ち込め、かつ、いろんな人との出会いが期待できる環境を自分で選んできた。星野リゾートもそうした観点から選んだ。

星野リゾートでは、年に一度の異動希望調査や、新規開業施設のスタッフ社内公募を通じて、働く環境をある程度選べる自由が社員に与えられている。

異動希望を出せる会社はそれほど珍しくはないだろう。しかし、本当に異動できるかは別問題だ。辞令一枚で社員に異動や転勤を強いる会社のほうが主流である。

その点、星野リゾートでは、「できる限り丁寧に異動希望や社内応募に応じている」とグループ人事のUDは話す。「それぞれの社員の強みを活かすことは会社の使命。

職場は人との相性も大事なので、本人にある程度の選択肢があることが重要」だと考えるからだ。

昨日とは違うやり方を試してみる

田井はその後、界 熱海で働くようになるまでの約5年間で、4施設以上を経験した。さまざまな施設で多種多様な人たちと仕事をするなかで、「よい方向へ変えることができた」と感じることもあれば、日々の課題解決に追われることもあった。ただ、どんな環境にいても、「昨日80点だったことを、今日はやり方を変えてやってみる」ことを日常業務のなかで地道に繰り返した。

すると、彼女自身に変化が表れた。最も大きく変わったのは、コミュニケーションの取り方である。

以前は、自分一人で考えたことを、決定事項として「これでいきます」と周りの人たちに伝えていた。そのほうがスピーディに物事を進められると思っていたからだ。

しかし、人から指示されただけで、納得できていないことにやる気が起きないのは、自分が逆の立場だったら当然だと今ならわかる。

また、問題を見つけては、「これはおかしい」「もっとこうしたほうがいい」としきりに改善提案を行なってきたが、一方的に指摘するだけで、どうすれば周りを巻き込んで改善に取り組めるかという視点に欠けていた。そのため、周りからは「急に変なことを言い出す人」と受け止められることも多かったのだ。そのたびに「こんなにがんばっているのに誰もついてこない」と徒労感に襲われたという。

熱海に来てからは、問題点を指摘する前に、まずは周りのスタッフとの信頼関係を構築することに気を配った。業務改善を行なう場合でも、「今、こんなことを考えているんだけど、どうかな？」と意見を聞きながら進めるようにしている。すると、意見を求められた側にも当事者意識が芽生え、前向きな協力を得られるようになった。

「人は正しいことよりも、共感したことに賛同してくれる。そして何をやるかよりも、誰とやるかで動く。それに気づけたことが大きかったです」と田井は話す。

試してみて、気づいたことを普段のコミュニケーションに取り入れていく。すると、「相手に伝わった」と手ごたえを感じる瞬間があった。こうした成功体験がきっ

「あたみ梅の間」障子の前で話す「界 熱海」の田井

かけとなり、自分のやりたいことを周りの納得を得ながら実現する術を身につけていった。

そんなときに巡り会ったのが、「あたみ梅の間」のプロジェクトだったのだ。


「田井さんが変われば、周りも変わる」とかつて星野は言った。

今、田井の成長は星野の目にも頼もしく映る。

「あるときから、田井さんの表情や言動に力強さが感じられるようになりました。もともと彼女が持っていた能力が顕在化され、いい意味で『強烈にしつこく』なりました。この『あたみ梅の間』は、彼女にぴったりの仕事だったと思います」

「周りが協力してくれない」と愚痴をこぼした、不安と不満の入り混じった表情はもうない。成長しない自分にうんざりしたこともあった。でも、できるようになったこともある。ほんの少しだが、自分の活かし方もわかるようになってきた。

彼女は、自分の個性を輝かすことのできる場所を手に入れたのだ。

10 バリに日本旅館をつくる

星野リゾートは2017年1月、海外で初となる「星のや」をインドネシア・バリ島に開業した。圧倒的な非日常感をテーマに日本のおもてなしを演出する「星のや」は、星野リゾートのなかでもラグジュアリーブランドの位置づけだ。

バリへの進出に際し、代表の星野佳路は「日本国内で実践しているのとまったく同じ方法で運営することが重要だと考えている」と話した。

つまり、地域の人たちが考える地域らしさをサービスに落とし込むことで、差別化を図る——。これを星野は「日本旅館メソッド」と呼ぶ。この星野リゾートの強みを、海外でも実践する。そして、現場のスタッフが主体となって魅力創造と魅力発信を行なっていくためのフラットな組織文化を、海外の拠点にも浸透させていくというのだ。

星野の意志を受け継ぎ、現地に赴いたのは、総支配人以下3名の社員たちだった。

そのうちの1人、入社10年目の小林は、現地のサービスチームのユニットディレクター（UD）として、約50名のバリ人スタッフの育成・マネジメントを担当している。自ら手を挙げて、このポジションに就いたという。

日本とは言葉も違えば、文化や価値観も違う。そのような土地で星野リゾートのおもてなしの考え方や手法、フラットな組織文化を根づかせていくことは、同社にとって大きなチャレンジである。それだけに小林たちの挑戦は、星野リゾートが今後、海外でどう競争力を高めていけるかを占う試金石になるはずだ。

星のやバリ開業1年目のスタッフの奮闘に迫った。

現地スタッフが考えるバリらしさを表現する

世界で戦っていくには、世界のホテルの真似事をしていては勝てない。そう考える星野のもと、星野リゾートは「日本旅館を進化させる」という独自の戦略で存在感を強めてきた。

世界中どこに泊っても一定品質のサービスが保証されている安心感が、世界のホテルチェーンの売りである。それとは対照的に、星野リゾートの強みは、各地域の魅力をサービスに反映させることで日本らしさを表現することにある。

それはバリに行っても同じだ、と星野は言う。

「バリに日本旅館をつくるといっても、畳と障子を持っていくわけではありません。本当の意味での『バリらしさ』を表現することが日本旅館だと思っています。バリにもすでに立派な西洋のホテルやリゾートがありますが、それらは西洋人が理想とするバリらしさともいえます。私たちが『星のやバリ』でやろうとしているのは、バリの人たちが考えるバリらしさを基本に、バリを訪れたらぜひ体験してほしいという自分たちのこだわりを表現していくことです」

バリらしさを演出できる現地スタッフをどう育てていくのか。これがサービスチームのＵＤ・小林に託された使命である。

現地で採用されたスタッフはおよそ50名。彼らは星野リゾートのホテルや旅館で働いた経験もなければ、星野リゾートというリゾート運営会社に馴染みがあるわけでもない。そんな彼らに対して、星野リゾートの組織文化を根づかせ、星野リゾート流のおもてなしができるようトレーニングしていくのである。

社内でも初となるこの挑戦に、小林は自ら飛び込んだ。海外でマネジメント職に就くことは、彼女の強い希望でもあった。

直接のきっかけは、社内休職制度を利用した留学経験だった。小林は、アメリカの大学院でホスピタリティマネジメントを学んだ。留学で身につけた英語とホテル経営に関する知識をいずれどこかで活かしたいと考えていたちょうどそのとき、星のやバリの開業が決まったのだ。彼女は迷わずサービスチームのＵＤに立候補した。そうして海外でマネジメントに挑戦するチャンスをつかんだのだ。

「星のやバリ」の運河プール

日本以上に和を大事にする文化

星のやバリの開業から、9カ月が経とうとしていた。

現地スタッフのトレーニング状況をたずねられると、小林は少し困った表情を浮かべ、「前途多難です」と答えた。

誰もが主体的に考え、言いたいことがあれば自由に発言する。これが、星野リゾートの成長の原動力となったフラットな組織のあり方である。ところが、バリのスタッフを集めてミーティングを開いても、彼らから意見が出ることはほとんどない。小林が一方的に話し、スタッフが無言でうなずく。これがいつもの光景だった。

ただし、これはあらかじめ予想していたことだった。小林は着任前、専門家の研究を参考に日本とインドネシアの文化を比較・分析し、類似点と相違点を自分なりに理解しようと努めていた。文化の違いを理解したうえでマネジメントすることが重要だと考えたからだ。

「インドネシアは、いわゆる階層社会です。下の人は上の人の指示に従うのが当然という文化なので、下の人が意見を言うことは滅多にありません。ですから、バリでフラットな組織を構築していくのは難しいだろうと覚悟していました」

バリに来て、現地スタッフと一緒に仕事をするようになると、和を大事にする意識が日本人以上に強いこともわかってきた。日本では同僚と友人は分けて考えるのが一般的だが、バリの人たちは同僚のことも「フレンド」と呼ぶ。「皆で仲良くしたい」という気持ちの表れなのだろう。

「何か言いたいことがあっても、これを言えば嫌われるかもしれない、亀裂が生まれたら嫌だと思うから、発言をためらってしまいます。対立や争いは極力避けようとするのです。バリの人たちが、言いたいことを、言いたい相手に直接言うのは、文化的背景を考えるとハードルが高いことかもしれません」

ミスが発覚しても、絶対に責めない

小林がサービスの問題点を指摘し、改善策を示す。スタッフは素直にそれに従い、実行に移す。しかし、彼らの表情にはどこか冷めた感じがあり、他人事と捉えているように小林には映った。スタッフが自ら学ぼうとか、問題を改善しようという気持ちになるために、自分に何ができるのだろうか。手探り状態でのスタートだった。

「言いたいことがあれば、誰でも発言していい」。小林はこのメッセージをあらゆる場面で繰り返し伝えることにした。

たとえば、顧客からサービスに関するクレームがあったとする。バリのスタッフは、上司から一方的に怒られたり、罰せられたりすることを恐れて、口を閉ざそうとする傾向があった。また、人間関係を悪化させたくない気持ちからか、同僚のミスを指摘することもなかったという。

小林は、ミスが発覚しても、ミスしたスタッフを決して責めなかった。スタッフを集めてミスを報告したうえで、なぜミスが起こったのか、ミスの背景にはどんな問題があったのか、ミスを防ぐにはどうすればいいのかを伝える姿勢に徹したのだ。

星野リゾートの社員なら誰もが口にするスローガンに、「ミスを憎んで人を憎まず」がある。誰がミスをしたかは重要ではなく、どのようなミスが起きたかが重要だという考え方であり、代表の星野が常日頃から社員に語りかけている言葉だ。

小林はこの考え方に基づき、問題に向き合うことの大切さをスタッフに伝え続けた。

「問題を見つけたら、その人を責めるのではなく、問題を指摘することで本人も間違いに気づくし、改善につながっていくんだよ。そうやってチームをよくしていこう」

そして、言葉で伝えたことを、自らの行動でも示していった。

最初からスタッフ全員に浸透させるのは難しいと思ったので、核となるメンバーを選び、まずは彼らが変わるよう集中的に働きかけることから始めた。

ミスをしてもまったく怒られない。罰を与えられない。このことに、バリのスタッフはひどく驚いていたという。

スタッフが見せた悔しさの理由

ハウスキーピングの主要メンバー3人を集めて、ミーティングを行なったときのことだ。顧客満足度調査の結果を見ながら、前月のサービスの問題点と改善策を話し合った。いつものように小林が問題点を整理して伝えると、スタッフの一人が、

「そういうことができていないのは悔しい」

と感情を露《あら》わにした。

それまでは何を言ってもスタッフの反応は薄かったのに、感情をぶつけてきたことに小林は目を見張った。

ハウスキーピングの問題でバリ特有のものは「虫が出た」くらいで、大抵は日本で問題になることがバリでも問題になる。この日、問題に挙がったのは、長期滞在者の部屋の清掃における備品の補充漏れだった。部屋には宿泊客が自由に飲めるコーヒーや紅茶、シャンプーや歯ブラシなどが備え付けられている。滞在2日目以降の部屋では、清掃の際に補充の必要なものを担当者に電話連絡して届けてもらうのだが、その補充漏れが多いと顧客からクレームがあったのだ。

スタッフが悔しい表情を見せたのは、自分の仕事にプライドや責任感を持ち始めたからではないかと感じた小林は、すかさずスタッフに問いかけた。

「どうすれば解決できるかな?」

補充漏れは、清掃する人が「コーヒーはあったかな? 歯ブラシは?」と記憶を頼りに補充要請の連絡を行なっていることが原因と考えられた。一人のスタッフが意見した。

現地スタッフの相談に乗る「星のやバリ」ユニットディレクターの小林

「連絡を受ける人が、『コーヒーはありますか？』『歯ブラシはありますか？』とすべての備品についてリマインドしたらどうでしょうか」

するとスタッフが、「それもいいと思いますが、それよりも……」とより効果的な方法を提案したのだ。

「備品を一覧にまとめたチェックリストをつくっておいて、清掃しながら備品の個数を確認し、それをもとに電話連絡すれば漏れがなくなるのではないでしょうか」

「それはすごくいい考えですね！」

小林の声が思わず弾んだ。その場の3人に「自分たちでチェックリストをつくってみませんか」と提案し、それを業務で早速使ってみることで皆が合意した。

スタッフが自分たちで考えて出し合った意見を、業務に反映し、実践する。これは彼らにとって、初めての、しかも大きな進歩だった。

次の目標としては、顧客満足度調査をもとに問題点を発見するところからスタッフに挑戦してほしいと小林は考えている。そのために、次回のミーティングに向けて、顧客満足度調査の結果から問題点をピックアップするやり方をスタッフに教えているところだ。これまで小林が逐一指示してきたことに、彼らが主体的に取り組めるように知識やスキルの習得をサポートしていくのも彼女の役目だ。

自分から学ぼう、問題を改善していこう、という気持ちがスタッフに芽生えてきたようだった。小林の顔にも自然と笑みがこぼれる。

「今度は彼らに何を伝えようか」

ようやく次のステップが見えた気がした。

マネジメントへの興味と英語コンプレックス

入社以来、主に温泉旅館ブランド「界」のいくつかの施設でサービス業務に携わってきた小林は、接客は好きだったが、マネジメントに興味があったわけではなかった。

転機は入社4年目に訪れた。1年間、代表の星野のアシスタントに就くことになったのだ。星野リゾートでは、1年ごとに若手社員が星野のアシスタントを務めている。スケジュール管理から出張の手配、社内イベントの企画やプレゼン資料の作成など、星野と行動を共にすることも多く、業務範囲も広い。

必然的に星野と話す機会が増えた。星野がどのような思いで会社を経営してきたのか、個々の戦略にはどのような狙いがあるのか。小林は初めて経営者の視点に触れ、「マネジメントをやってみたい」と思うようになった。

星野は全国各地で運営するホテルや旅館によく足を運び、行く先々でスタッフの写真をたくさん撮る。こうした普段の行動から感じることも大きかった。

写真のなかのスタッフは、皆すごくいい表情をしている。一人ひとりが楽しく仕事をしていることの証拠だろう。また写真を見ていると、星野自身がスタッフのことを本当に大事に考えていることも伝わってきた。そういう星野の思いに気づいて、ハッとした。

「代表は本気なんだ！」

それがわかったとき、小林の気持ちに変化が生まれた。

星野の思いを伝えていけるようなスタッフになりたい。キャリアの目標としてマネジメントを意識した瞬間だった。

だが、このときの小林には自信がなかった。マネジメントの経験もなければ、ビジネス理論の知識も乏しい。

それにもう一つ、彼女は英語に対して強烈なコンプレックスを抱いていた。星野の海外出張に同行したときのことだ。英語が苦手だった小林は、アシスタントとしての役割を果たせなかったばかりか、英語を流暢《りゅうちょう》に操る星野にすべてを頼るしかなかった。それで星野が不満を漏らすわけではなかったが、小林は自分の力不足が悔しかった。

同様の悔しさは、海外からの旅行客への接客の場面でも感じていた。星野リゾートがいずれ海外で展開するとき、英語が話せなければ、そういうプロジェクトには関われないだろうという危機感もあった。

出張からの帰りの飛行機で、小林は思い切って「海外で英語を勉強したい」と星野に打ち明けた。それを聞いた星野は、「それは行ったほうがいい」と小林の背中を押してくれたという。

星野リゾートでは、最長2年間、自己成長のために休職できる制度がある。大学に通うなどの勉強のほか、旅行や他のホテルで働くなどの理由も認められている。小林はこの休職制度を利用して、英語とホスピタリティマネジメントを学ぶためにアメリカ留学を決意したのだ。

そして、留学先の大学院で、2学期連続で学年トップの成績を収めた彼女が、星のやバリのサービスチームのUDに立候補したのは、帰国してすぐのことだった。

10年後を想像するとワクワクする

バリの一部のスタッフに仕事に対する主体性が芽生えてきたとはいえ、星野リゾートの組織文化を浸透させるには、まだ長い道のりがある。

現地スタッフが考えるバリらしさを演出する「日本旅館メソッド」の実践については、「まだできていません」と小林は話す。顧客からのリクエストを待つとか、リクエストに応えるといった受け身の姿勢から脱し、自分たちが顧客に体験してほしいモノやコトを積極的に伝えていけるスタッフをどう育てていくのか。

「これも、自分たちの目指す『おもてなし』はどういうものであるかを、軸をぶらさず繰り返し伝えていくことが大事だと思っています」と小林は話す。

文化や価値観の違いから、日本では考えられない事件も起こるという。

たとえば、村で祭りがあると、それを理由にスタッフが仕事を休むのは日常茶飯事。家族や親戚のセレモニー、町内会の付き合いを理由に休むことも珍しくない。事前に予定された休みならともかく、急に休んだり無断で来なかったりする。そのたびに、小林は穴埋めのための調整に追われ、胃の縮む思いをするのだった。

ただしこれも、文化の違いを理解したうえでマネジメントすべきことの一つだと小林は考える。

「日本人は仕事での成功を人生の成功と捉える傾向がありますが、バリの人は仕事以外の時間の充実が人生の成功と考えます。祭りや家族などプライベートを優先したいという考え方は、マネジメントする側としても尊重しなければならないと思っています」

とはいえ、前途多難な状況で、「何もかも投げ出したい」と思うことはないのだろうか。そうたずねてみると、

「簡単に投げ出そうとは思いません」

と小林は力強く答えた。自ら立候補してバリに来たこと、経験やスキルも十分とは言えない自分に、マネジメントに挑戦する機会を与えてくれた会社に感謝していること

と。それらの理由を挙げた後で、こう付け加えた。

「私が入社した10年前は、国内の施設でも星野リゾートの文化の浸透には課題がありました。この10年間でリゾート運営会社として国内で競争力を増したように、10年後にはインターナショナルなホテルブランドとして成長していることを想像すると、ワクワクします。そのためにも、今後増えていく海外の星のやで活躍できるようなスタッフを育てたいんです」


これから星野リゾートが世界に向けて躍進しようとするとき、文化や価値観の違いから、国内では経験したことのないような問題に直面することが大いに予想される。星のやバリで問題解決に奮闘する小林たち3人の経験は、彼らのマネジメントスキルを高めるだけでなく、星野リゾートにとっても貴重なノウハウになるはずだ。星野の期待もそこにある。

「今は淡々と問題を乗り越えていくしかないですね。彼らならきっとやり切ると思いますよ」と星野は激励を込めて言った。

コラム

潜入！麓村塾 主体的に学びたくなる仕掛け

「自分のキャリアは自分でつくる」という方針のもと、星野リゾートでは意欲ある人に学ぶ機会が提供されている。それが社内ビジネススクール「麓村《ろくそん》塾《じゅく》」である。

マーケティングやコミュニケーションなどのビジネス講座に加え、ワインや方言、温泉など、地域の歴史や伝統文化を学んだり体験したりできる講座がある。２０１７年は２５６講座が開催され、延べ３３９２人が受講した。星野リゾートの社員数はおよそ２６００人。一人で複数講座を受講する場合もあるが、かなりの受講率であることがわかる。

一般的な社内研修との違いは、業務の一環として半ば強制的に受講するのではなく、「学びたい人が、自分の時間を投資して受講する」ことだ。また、講座内容が社内の人事評価制度と連動しているので、学んだことを仕事で実践すれば、それが評価につながる仕組みになっている。本当の意味で仕事の役に立ち、会社の利益に貢献することを目指した研修なのだ。どのような研修が行なわれているのか、麓村塾に潜入した。

先輩社員が講師役の講座

見学したのは「戦略的行動」について学ぶビジネス講座である。入社3～4年目の若手社員が対象で、全国の施設から20人が参加。5人ずつ4つのテーブルに着席した。

麓村塾では、一部の文化系講座を除き、星野リゾートの社員が講師を担当している。この日の講師は、海外運営統括室の嶋田だ。嶋田は、星野リゾートで豊富なマーケティングの経験を持つほか、前職ではマーケティング・戦略専門のコンサルタントという経歴もある。さまざまな業務経験やバックグラウンドを持つ先輩社員から学べるのも、麓村塾の魅力の一つかもしれない。

星野リゾートでは、戦略的行動を「到達しようとするゴール設定と到達までの施策について、市場と競合の視点から発想すること」と定義している。講座は、まずその定義を理解することから始まった。次いで、戦略的行動に役立つフレームワークやケーススタディが紹介された。

その後、戦略的行動の上級編として、「未来志向で考える」をテーマに講義が行なわれた。「戦略的行動が目の前の市場変化に対応した行動であるのに対し、未来志向は市場変化から未来を推測し、自社にプラスになるよう対応することです」と嶋田が解説する。

未来志向による対応事例として、１９９０年代後半、オンラインストアのアマゾンを迎え撃ったアメリカ最大の書店チェーン、バーンズ・アンド・ノーブルを取り上げ、「オンラインストアという未来の脅威に気づいたリアル店舗は、どう対応したか。その対応は適切だったか」といった視点から検証した。

嶋田はまた、オンラインストアで市場を席捲《せっけん》してきたアマゾンが、現在はリアル書店に続き、高級スーパーにも参入する動きを見せていることにも触れ、「彼らは何を考え行動しているのか。皆さんが関連業界にいたらどう対応しますか。他業界にも興味を持ってアンテナを張ってほしい」と未来志向を意識しながら世の中の動きを見るようにアドバイスした。

実践を意識したグループワーク

麓村塾では、普段の業務での実践を意識し、社内の実際のケースを使って自分たちで考えるグループワークを重視している。この日の講座でも、星野リゾートが直面すると思われる未来を推測し、自分たちが取るべき対応をグループで話し合った。

その後のグループ発表で語られた未来像を一部紹介しよう。

麓村塾でグループワークに取り組む社員たち（筆者撮影）

あるグループは、5年後の未来を「若者の旅行離れが一層進む一方で、働き方改革の一環で女性の管理職登用が進めば、高所得で独身のキャリアウーマンが増え、女性の一人旅が増える」と推測した。女性の一人旅ニーズを満たす国内旅行の提案として、「インスタ映えするフォトジェニックなスポットの開発」や「自分の内面を磨くアクティビティ」などのアイデアが出た。

インバウンドの増加に着目したグループもあった。このグループは、「旅のニーズとして、AI（人工知能）を活用したシンプルで低価格な旅行サービスが好まれる一方で、人の手によるサービスの価値が見直され、日本らしい体験を求める高価格な旅が増える」と推測した。日本らしさを伝えるための魅力創造は星野リゾートが得意とするところだが、「求められるサービスレベルの向上にどう対応するのか、また、今後増加する海外出身のスタッフに『日本らしさの魅力創造』をどう教えていくのか」など魅力創造のノウハウ不足やスタッフ育成が課題だと指摘した。

嶋田は発表を聞きながら、未来推測の根拠をたずねてロジックを確認したり、着眼点の選択肢を提示したりしながら、自由でありながら説得力のある未来像へと導いた。

学んだことを実践すれば、評価につながる

「麓村塾の講座内容は、社内の人事評価制度と連動しています。いま見ていただいた講座は、評価制度でC評価を獲得するための講座です」

とグループ人事のユニットディレクター（UD）が解説した。いったい、どういうことなのだろうか。

UDによると、星野リゾートの評価制度は、自分で考え行動することでチームに貢献できる人が評価されるよう設計されている。評価するのは、業績などの結果ではなく、その人が具体的にとった行動（＝プロセス）だ。

星野リゾートのビジョンや戦略に基づき、社員に求められる行動を10の項目にまとめ、それぞれAからEまでの5段階で評価する。評価項目には、「先読み改善行動」「チーム行動」「顧客志向」など、質の高いサービスや経営視点を養う行動指針を設定している。この日のテーマ「戦略的行動」もそ

の一つだ。

評価基準はすべてオープンだ。評価するだけが目的ではなく、本人が自分の行動と比較することで、目指す姿に到達するための育成ツールとしても活用するためだ。

そして、本人の成長に必要なスキルを学ぶ場として、麓村塾がある。社員に求められる行動（つまり評価項目）を理解し、目指す姿に到達するために、どのような視点や日々の行動が必要なのかを学ぶ場として機能しているのだ。

「麓村塾で学んだことは仕事で実践でき、仕事で実践できたことは評価に結びつくという仕組みです。日常業務に直結するため、受講生のモチベーションも非常に高いです」とUDは話す。

この日の「戦略的行動」に関する講座は、評価項目での「C評価獲得」を狙ったものだった。一方で、後半の「未来志向で考える」の部分は、「戦略的行動」の評価項目でCよりさらに上の「B評価獲得」や「A評価獲得」を目指すための講座だ。

評価制度のほかの評価項目についても、同じように「B評価を取るための講座」や「C評価を取るための講座」が開講されている。

ほかにも、立候補制度を活用してUDや総支配人を目指す人が、マネジメントに必要なスキルを習得するための講座も開いている。

このように、麓村塾の講座はすべて、社内での課題認識をきっかけに、課題を解決するために開発された。ゆえに、すべてオリジナルな内容なのである。

自分の時間を投資する

この日、東京本社で行なわれた講座には、全国各地から受講生が集まっていた。受講生たちは皆、休みの日や自分の時間を利用して参加しているという。自分の時間を投資するのが麓村塾の決まりであり、だからこそ受講生は真剣だ。それが一般的な社内研修とは大きく違うところである。

受講動機も極めて能動的だ。普段の仕事で「もっとうまくできるようになりたい」「評価を上げたい」といった悩みや課題認識があり、それを解決するために講座を選んで受講する。事前課題や参考図書が課されるため、仕事との両立は容易ではない。それでも多くの受講生が積極的に取り組んでいるのは、明確な受講動機があるからだろう。

麓村塾で学んだことで、社員のスキルが向上し、会社の業績が上がり、社員の給料も上がっていく――このようなスパイラルが躍動する未来も近そうだ。

解説

フラットな組織文化こそが競争力の源泉
――星野リゾートの組織論

星野佳路
（星野リゾート代表）

写真：長谷川博一

仕事を楽しくすることが競争力につながる

観光産業は、人口減少をむかえる日本経済において新しい活力になると期待されています。今ほど私たちが使命感を持って仕事に取り組めることは過去にはありませんでした。観光は人と人、文化と文化、そして国と国を結びつけていく仕事であり、お互いの相互理解を高める機能を持つ特別な産業です。「観光は平和をつくる産業だ」という崇高な理念を忘れず、観光業を担う企業として社会に貢献していきたい。そのために私たちは常に進化を続けています。

星野リゾートの運営力も、そして進化のスピードも、最も大切な資源である人材を活かす仕組みに依存しています。使命感を持った人たちが集まりよいチームをつくり、継続的な変革に取り組むことで、持続可能な競争力を得ることができる。しかしそれは、言うのは簡単ですが実際に実現するのは難しいことです。

リゾートや日本旅館の多くの職場は地方にあり、社員は入社した途端に各地の施設に配属されます。最近はUターンやIターンが以前に比べ増え、地方で働くことに対するネガティブ感は薄まってきていると感じますが、長野県軽井沢町で私がこの事業を引き継いだ１９９１年当時、最も苦労したのが人材の採用でした。どうしたら入社していただき継続して働いてもらえるのかが最重要課題であり、そのことが組織のあり方を考えるよい機会を私たちに与えてくれました。この課題をあのときに経験できなければ、今の星野リゾートの組織文化には発展していなかったでしょう。

私たちが気づいたのは、仕事が楽しくなければ人は来てくれない、たんに必要な仕事をお願いするばかりでは、社員はいずれ辞めていってしまうという単純な原理です。楽しみながら仕事に取り組める環境をつくり、そうすることで長く勤めていただけるという視点であるべき組織の姿を考えていきました。

仕事が楽しい環境をつくるうえで重要な要素の一つは、どこまで社員一人ひとりに「自由」を与えることができるかという点です。私たちは今までの経験から、社員は自由を求めていると考えています。それは、自ら発想し、発言し、行動できる自由です。指示を受けてこなす業務ばかりであったり、自分の発想を表現する機会がなかったり、表現や行動が不利益につながる可能性がある環境では、仕事は楽しくなりません。自由な発想、発言、行動が許容されることが第一歩であり、この考え方がフラットな組織という発想に結びついていきました。誰もが言いたいことを、言いたい人に、言いたいときに言えるという世界に近づくには、人間関係がフラットである必要があるのです。

もう一つ、フラットな組織が重要である背景には、サービス産業の特徴である「消費の即時性」があります。社員が接客した瞬間に消費が完結するので、お客さまと社員の接触の瞬間に、経営者が介在することはできないということです。社員一人ひとりが接客時に与える印象が、星野リゾートのサービス品質の評価を決めるのです。顧客から要望を受けたときに、それを受けるのか、断るのか、それとも代替案を提供するのか、その経営判断は接客する社員一人ひとりが瞬時に行なうことができる必要があります。これは「真実の瞬間」と呼ばれ、ホスピタリティー・マネジメントのアカデミックな分野で著名なケーススタディとなっています。真実の瞬間を見事にこなすことができる組織をつくるには、社員一人ひとりが会社のビジョンと戦略を理解し共感し、自ら発想して行動できる環境の中で、高いモチベーションを維持して仕事をしていることが必要になります。

一世代前の経営学においては、やる気を出すのは社員の責任でありました。やる気がない社員がいたら評価を下げればよかったのです。しかし現代の経営においては、それは経営者の責任となったのです。優秀なマネジメントとは、社員のやる気を引き出す経営と定義され、それを可能にする経営者の技能はエンパワーメント・スキルと呼ばれています。

近年は製造業の分野でも、商品そのものの差別化にとどまらず、アフターフォローやリピート購入の仕組みを含めたサービス全体で競争力を高めていく手法が語られています。つまり真実の瞬間の判断力が問われているのです。サービス産業化が進んだ時代には、エンパワーメント・スキルは顧客満足度を高め、持続可能な企業競争力を維持するために不可欠な要素になったと考えています。

トップの覚悟がなければ、組織文化は変えられない

このような議論をしていると、「うちの会社も結構フラットです」とおっしゃる方にお会いすることがありますが、よく話を聞いてみると、実は本来の意味でのフラットではないことも少なくありません。フラットな組織とは、組織図が形状的に平らであることを意味しているのではなく、お互いの働き方がフラットであるということで

す。たとえば、会議で議論するときにも、誰がどんな意見であるかをまったく気にせずにお互いの意見を戦わせ正しい議論をすることができる働き方です。これを実現するには普段から人間関係がフラットであることが求められ、それは「制度」を導入すれば達成できるものではなく、文化そのものを変えていく必要があります。

「どのような状態がフラットなのか」を理解することは容易ではないのですが、真にフラットな組織文化を持つ組織では以下のような現象が事例として現れています。

・社員一人ひとりが相手のポジションに関係なく思ったことを発言している。
・社内の情報の流れに規制がない。相手の部署や役職に関係なく、社員は上司を通さず話したい人に自由に話ができる。
・社員は発想や議論に必要な情報について、知りたいと思ったときにアクセスすることができる。
・オフィスを見渡しても誰が役職者なのかわかりにくい。
・会議室で座る位置が決まっていない。参加者は自由に好きな席に座る。飲み会の席

代表室主催のスキー合宿にて

でも同じ。

・全員で集合写真を撮るときにも、並ぶ順序などは誰も気にしない。真ん中のほうに管理職がいたりすることもなく、ランダムに並んでいる画像になる。

フラットな組織文化をつくっていくときに効果的な最初のステップは、それを阻害する大きな要因である「偉い人信号」を少なくしていくことです。私たちの組織をよく見ると、「偉い人信号」が至る所に存在しています。たとえば、「〇〇部長」や「〇〇課長」のように役職名で呼んだり、会議室での席順やタクシーに乗車する際の順番が決まっていたり、同じオフィス内でデスクの大きさが異なっていたりするのは典型的な「偉い人信号」。上司が会社の情報を豊富に持ち、「皆さんが知らない情報を私は知っているんだぞ」と優位性を保とうとするのも「偉い人信号」です。

星野リゾートの各運営施設では、互いに役職で呼ぶことを禁止しています。スタッフが総支配人やマネジャーを呼ぶときに役職名では呼ばず「〇〇さん」と「さん付け」で呼び、総支配人やマネジャーが社員を呼ぶときにも同じように「さん付け」で呼ぶことをルールとしています。代表である私も会社内に個室オフィスもなければ決まったデスクも持っていません。これらは「偉い人信号」を一つずつ排除してきた結果ですが、フラットな組織文化を達成するには不可欠な要素であったと思っています。「現状を考えると偉い人信号を排除していくのは大変だ」と感じるかもしれません。だからフラットな組織文化を達成するのは難しいのです。制度を変えることで組織がフラットになるなら人事部に任せておけばできます。だが、文化そのものを変えなければフラットにはならないからこそ、会社のトップのコミットメントが不可欠なのです。「なんとしてもフラットにする」というトップの覚悟がなければ、フラットな組織文化は絶対に実現しません。

情報量の差が、正しい議論を妨げる

フラットな組織の活力は議論をすることから生まれてきます。しかし、正しい議論をすることを難しくしている理由の一つは、社員に与えられている情報量が均一ではないことです。顧客満足度や利益額など経営指標となる情報に社員がアクセスできなかったりすると、十分な情報を持たない社員が正しい発想をしたり、説得力のある提案を行なうことは難しくなります。情報を独占する上層部の発言内容が有利になるのは当然であり、これでは正しい議論はできず、社員は発想する意義を失い仕事は楽しくなりません。

社内における情報量の差を可能な限り少なくすることは、フラットな組織文化の前提条件です。星野リゾートでは、経営陣から総支配人、ユニットディレクター、最前線のスタッフに至るまで、誰もが可能な限り同じレベルで会社情報にアクセスできるように工夫しています。

発言した内容が個人の評価に影響する環境でも闊達《かったつ》な議論は発生しません。誰かに反対意見を述べたり、何かを批判したりすることで評価や人事に影響する恐れがあると、誰も思ったことを発言できなくなるのは当然です。経営の目的は組織競争力を高めることであり、評価することではありません。正確な評価も重要ではありますが、組織のエンパワーメントにマイナスの効果を許容してまで精密に運用する必要はないと考えています。

フラットな組織文化を定着させるプロセスにおいて、管理職は多少辛い立場に立たされるステージがあります。それまでは一般社員よりも情報量が多いことで議論の優

スキー場で社員とはしゃぐ星野代表（右端）

位性を保つことができましたが、その特権を失うからです。誰もが同レベルの情報量を持ち、言いたいことを自由に発言できる環境において議論を有利に導くには、論理的な思考力が必要になります。皆の意見をまとめるにはファシリテーション能力が求められ、意思決定するときには納得度を醸成するコミュニケーション能力が必要となります。リーダーとして真の実力が問われるという意味で試練に直面するのです。

一方で、フラットな組織のよさをひとたび実感すれば、管理職にとってこれほど好ましい環境はないはずです。フラットであるということは、管理職も議論に参加する一人であり、思いつきをどんどん発言し、妥当性のある批判を受けたら直ちにそちらに乗り換えればよいのです。管理職の仕事は正しい案を発案する役割から、議論をファシリテートし、妥当な案を選択する役割に変わるのです。常に正しい発言をしなければならないというプレッシャーから解き放たれるフラットな組織文化は、慣れれば管理職にとって大変心地よい世界になるはずです。

会社の成長とフラットな組織のジレンマ

フラットな組織文化を定着させることで、多くの社員が自ら発想し、発言し、行動し、それを通じてチームの競争力を上げていくという方法に力を注いできました。長年の取り組みの結果、一定の成果を挙げることができたと感じています。

しかし、このプロセスには完成はありません。会社の進化とともに新たな課題も生まれています。第一は、星野リゾートの運営の仕組みが洗練度を増すにつれ、新たに自分たちで発想し行動し改善していける余地が減ってきている面があります。これに対応するため星野リゾートの特徴でもあるマルチタスクの業務範囲をさらに広げようという取り組みが始まりつつあります。ホテル経営においては、マーケティングやPRなどの活動は、接客サービスのユニットからは切り離されているケースが多いですが、私たちはその業務の一部をホテル運営のマルチタスクに含め、運営の仕事そのものをさらに創造的な仕事にしようと考えているのです。

第二は、拠点数の増加とともに社員数が増え、施設間でのフラット度合いにバラツキが生じ、同じ課題に対する対応方法も異なる結論に帰結するケースも出てきます。アイデアを発想し行動するときには、仲間がいてチームで取り組むことでお互いに刺激し合い、効率よく高い成果にたどり着くことができます。今までは一つの施設内でチームをつくり取り組んできたことを、施設横断的なチームで取り組む仕組みづくりを考えています。取り組みたい課題があるときに、仲間をグループ内で募集し、自律したチームを構成して創造的な作業に取り組む……これが私たちの考えている理想です。フラットな組織文化を共有する全社員が施設間の距離を超えて活動できる仕組みづくりです。ITテクノロジーがこういう挑戦を可能にしてくれる時代であり、そしてそれは組織拡大のマイナス面をプラスに変える発想でもあると考えています。

1914年開業の軽井沢の温泉旅館から始まった私たちは、1992年に運営特化戦略に踏み出し、2001年から軽井沢を超えた展開の機会をいただき、北海道から沖縄まで多くの運営拠点に展開、2014年から海外での運営に踏み出しました。これからも世界で通用するホテル運営会社を目指し進化を続けていきたいと考えています。経営者としての私の仕事は、施設数や売上などの数値目標を達成することではなく、持続可能な競争力につながる仕組みを育て定着させることであります。フラットな組織文化は、私たちの競争力の源泉であると同時に、企業規模が大きくなっても失ってはいけない星野リゾートらしさであると考えています。

◎本文中の個人名については敬称略とさせていただきました。

◎本書は、『THE21』2016年1月号～2017年7月号連載の「遊びが会社を強くする！　星野リゾートの現場力」を元に大幅に加筆・修正の上、1冊にまとめたものです。

〈著者略歴〉

前田はるみ（まえだ　はるみ）

ライター。ビジネス誌を中心に取材・執筆を行なっており、丹念な取材力には定評がある。過去数十回にわたり、星野リゾートを取材しており、星野リゾートの組織文化をよく知る人物。

〈編者紹介〉

月刊『ＴＨＥ２１』

プレイヤーとして結果を出すことを求められながら、中堅社員として部下指導やチーム運営までも求められる……。そんな悩み多き40代ビジネスパーソンに向け、明日の仕事に使えるスキルや今後のキャリア形成のヒントをお届けする月刊ビジネス誌。毎月10日発売。

THE21オンライン　https://shuchi.php.co.jp/the21/

トップも知らない星野リゾート

「フラットな組織文化」で社員が勝手に動き出す

2018年３月13日　第１版第１刷発行

著者	前田はるみ
編者	『ＴＨＥ２１』編集部
発行者	後藤淳一
発行所	株式会社ＰＨＰ研究所
東京本部	〒135-8137 江東区豊洲5-6-52
第二制作部ビジネス課	☎03-3520-9619（編集）
普及部	☎03-3520-9630（販売）
京都本部	〒601-8411 京都市南区西九条北ノ内町11
PHP INTERFACE	https://www.php.co.jp/
組版	有限会社エヴリ・シンク
印刷所	大日本印刷株式会社
製本所	株式会社大進堂

ISBN978-4-569-83740-6